有限责任公司设立、管理法律实务

李少尉
刘　霜　┤　著

YOUXIAN ZEREN GONGSI SHELI
GUANLI FALV SHIWU

 经济日报 出版社

图书在版编目（CIP）数据

有限责任公司设立、管理法律实务 / 李少尉, 刘霜
著. -- 北京：经济日报出版社，2021.7
ISBN 978-7-5196-0890-3

Ⅰ. ①有… Ⅱ. ①李… ②刘… Ⅲ. ①股份有限公司
-公司法-研究-中国 Ⅳ. ①D922.291.914

中国版本图书馆 CIP 数据核字（2021）第 122983 号

有限责任公司设立、管理法律实务

作　　者	李少尉　刘　霜
责任编辑	王　含
责任校对	蒋　佳
出版发行	经济日报出版社
地　　址	北京市西城区白纸坊东街 2 号（邮政编码:100054）
电　　话	010-63567684（总编室）
	010-63584556　63567691（财经编辑部）
	010-63567687（企业与企业家史编辑部）
	010-63567683（经济与管理学术编辑部）
	010-63538621　63567692（发行部）
网　　址	www.edpbook.com.cn
E－mail	edpbook@126.com
经　　销	全国新华书店
印　　刷	成都兴怡包装装潢有限公司
开　　本	880mm×1230mm　1/32
印　　张	6.75
字　　数	130 千字
版　　次	2021 年 7 月第一版
印　　次	2021 年 7 月第一次印刷
书　　号	ISBN 978-7-5196-0890-3
定　　价	59.00 元

序　言

　　笔者常年担任多家企业法律顾问，在服务企业的过程中，深知公司法律知识的博大精深，尤其对于刚开始从事律师行业且主攻公司业务方向的青年律师来讲，如何能熟练运用法律规定解决实际问题，更需要从事公司业务的律师不断的积累、总结、学习。

　　笔者将服务中小企业过程中遇到的问题进行总结，问题大致可分为以下三个层次：一是公司各股东之间存在的法律问题；二是公司与员工之间存在的法律问题；三是公司与客户之间存在的法律问题。

　　针对中小企业上述常见问题，本书通过问题与解答的方式进行阐述，力争使读者读后能对中小企业常见问题做到法律规定清楚、问题分析透彻、解决思路清晰。同时，考虑到实际需要，本书不再对上市、重组、清算等事项进行阐述，如无特殊说明，公司仅指有限责任公司，望各位读者理解。

除此之外，因本书编写时，《民法典》尚未实施，关于公司经营期间所遇问题，无法找到依据《民法典》规定作出判决的案例，故针对经营期间的部分内容相对薄弱，后期笔者会待判例公布后，陆续完善。

最后，本书是笔者基于自身实践经验编纂，是笔者对相关法律规范性文件的研究、理解、总结和推断。读者在实务中一定要根据具体事实及当时法律法规进行处理，同时欢迎各位专家、学者、律师或公司法务人员不吝赐教，对本书的错误或不足之处给予批评和指正。

李少尉 刘 霜

2020 年 7 月 6 日

目　录

第一部分　公司设立篇

第三章 章 程

第二部分　内部管理篇

第四章　董事、监事、高级管理人员

第五章　员工管理

第三部分　经营期间诉讼风险与注意事项篇

第六章　诉讼风险及注意事项

第四部分　公司设立、管理常用法律文书样本篇

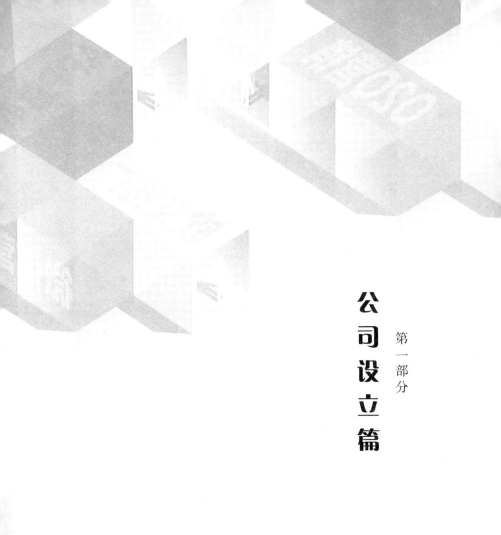

第一部分

公司设立篇

第一章　股权架构设计

001　拥有公司 51% 的股权（表决权），
能够完全控制公司吗

结论：不能。

经典案例：案号：（2017）浙 0110 民初 4686 号——金某与沈某某、杭州某公司决议效力确认纠纷一案。

案情简介：杭州某公司注册资本 3000 万元，有 2 个股东，均为自然人：金某持股 51%（认缴出资 1530 万元，实缴 1530 万元）；沈某某持股 49%（认缴出资 1470 万元，实缴 147 万元）。因股东沈某某在出资期限内未完成出资义务，为此与股东金某发生纠纷。

2016 年 12 月 9 日股东金某向股东沈某某发出书面通知，定于 2016 年 12 月 30 日在公司会议室召开股东会，会议议程："（1）因股东沈某某逾期缴纳增资款，拟讨论沈某某的股东权利

（包括表决权等）作出限制……"沈某某接到通知后于 2016 年 12 月 20 日予以书面回复，认为并无召开股东会的必要，拒绝出席。2016 年 12 月 30 日，杭州某公司如期召开了公司股东会，并且以 51% 表决权通过股东会决议，决议："（1）在股东沈某某缴纳增资款之前，其股东权利（包括分红权、表决权等）按照其实际出资部分占注册资本金比例行使……"该决议内容以书面形式送达沈某某，沈某某以"回函"书面形式回复，认为股东会从程序上和实体上都违反公司法相关规定，决议内容无效。

股东金某认为：2016 年 12 月 30 日的股东会决议内容是依照《中华人民共和国公司法司法解释（三）》第十六条与杭州某公司《章程》相关规定作出，会议召开和表决程序符合法律规定，股东会决议有效，因此，股东金某起诉至法院请求：确认 2016 年 12 月 30 日杭州某公司股东会议作出的在被告沈某某增资款缴纳之前，其股东权利包括分红权、表决权等按照其实际出资部分占注册资本金比例 4.9%（147÷3000×100%）行使的决议有效。

裁判观点：杭州某公司章程第十二条，关于公司权力机构股东会的职权的规定，并未包括限制分红权、表决权；公司章程第二十一条规定，公司采取认缴制，出资比例指的是认缴出资比例；公司章程第十四条明确规定，股东会会议由股东按出资比例行使表决权，修改公司章程的决议必须经代表三分之二以上表决权的股东通过。本案案涉杭州某公司 2016 年 12 月 30 日公司股东会会议，由代表出资比例即认缴比例 51% 并享有 51% 表决权的股东金某出席，据此作出的股东会决议所涉的第一项决议内容：股东沈某某增资款缴纳之前，其股东权利包括分红权、表决权等按照其实际出资部分占注册资本金比例 4.9%（147÷3000×100%）行使，以实际出资金额占注册资本金比例进行限制股东权利，其实质是修改了公司章程规定，修改公司章程必须经代表三分之二以上表决权的股东通过。至于股东金某提出的依照《中华人民共和国公司法司法解释（三）》第十六条，"股东未履行或者未全面履行出资义务或者抽逃出资，公司根据公司章程或者股东会决议对其利润分配请求权、新股优先认购权、剩余财产分配请求权等股东权利作出相应的合理限制，该股东请求认定该限制无效的，人民法院不予支持"的规定，也仅是允许在合理限度内对利润分配请求权等自益权作限制，并不涉及表决权等共益权作限制。故案涉杭州某公司 2016 年 12 月 30 日公司股东会会议有违反公司法及公司章程的规定，应认定无效。

分析：公司股东会决议的事项分为一般事项和重大事项，针对公司一般事项，股东可在公司章程中约定持有全部表决权二分之一以上通过即可。因此，处理一般事项时，享有公司 51% 股权（表决权）即意味着享有单方决定权，能对公司进行一定程度的控制。

但对于重大事项（如修改公司章程、增加或者减少公司注册资本以及公司合并、分立、解散或者变更公司形式等事项），法律规定必须经代表三分之二以上表决权通过，该规定为强制性规定，无法通过章程约定的方式改变重大事项通过股东会决议所需的最低比例。仅有 51% 的股权（表决权）的股东并不能直接决定公司重大事项通过股东会决议，因此，拥有公司 51% 的股权（表决权）并不能够完全控制公司。

关联法律条文：《公司法》第四十二条、第四十三条

第四十二条：股东会会议由股东按照出资比例行使表决权；但是，公司章程另有规定的除外。

第四十三条：股东会的议事方式和表决程序，除本法有规定的外，由公司章程规定。

股东会会议作出修改公司章程、增加或者减少注册资本的决议，以及公司合并、分立、解散或者变更公司形式的决议，必须经代表三分之二以上表决权的股东通过。

002 股权架构设计过程中，需要注意的特殊数值有哪些

结论：10%、20%、34%、51%、67%。

经典案例：案号：（2018）京 0111 民初 14069 号——李某某与李小某、北京某公司损害公司利益责任纠纷一案。

案情简介：

北京某公司于 1999 年 4 月 5 日成立，股东为李某（持股50%）、袁某（持股 14%）、李某某（持股 25%）和李小某（持股 11%），2016 年 11 月 18 日北京某公司股东持股比例变更为：

李某（持股 3%）、袁谋（持股 4%）、李小某（持股 82%）、李某某（持股 11%）。李小某自 2016 年 3 月 3 日起至今兼任北京某公司的经理。2016 年 5 月 9 日李小某在担任公司高管期间，北京某公司侧孔插瓶针的医疗器械注册证到期，北京某公司在未取得注册产品注册证的情况下生产该产品，2016 年 9 月 5 日，当地食药监局接举报反映北京某公司医疗器械生产存在违法违规行为，要求进行查处。2017 年 12 月 4 日，当地食药监局查明北京某公司侧孔插瓶针的医疗器械注册证于 2016 年 5 月 9 日到期，北京某公司在未取得注册产品注册证的情况下生产该产品，认为北京某公司的行为违法，给予没收违法所得及罚款共计 2158800 的行政处罚。李某某认为李小某作为公司高管未尽勤勉尽责义务，给公司造成严重损失，应承担损害赔偿责任，故于 2018 年 3 月 21 日致函北京某公司监事袁某，请求对李小某提起诉讼，但在 30 日内未得到监事回复，故李某某以个人名义诉至法院。

案例分析：本案股东李某某持有北京某公司 11% 的股权，其认为公司利益遭受损害后，李某某书面请求公司监事袁某向人民法院提起诉讼，但袁某未予回复。李某某根据《公司法》第一百五十一条的规定，有权为了公司的利益，以自己的名义直接向人民法院提起诉讼。

分析：1. 绝对控制权 67%。相当于 100% 的控制权力，可修改公司章程、决定公司分立、合并、变更公司主营项目、决策重大事项；

2. 相对控制权 51%，相对控制公司，能对公司经营期间的一般事项作出有效决策；

3. 安全控制权 34%，一票否决权（占有 34%，意味着重大事项该股东不同意，则无法达到三分之二以上表决权通过）；

4. 20% 重大同业竞争警示线；

5. 临时会议权 10%——可提出质询、调查、起诉、清算、解散公司，必要时自行召集和主持股东会。

关联法律条文：《公司法》第三十九条、第四十条、第四十三条、第一百五十一条

第三十九条：股东会会议分为定期会议和临时会议。

定期会议应当依照公司章程的规定按时召开。代表十分之一以上表决权的股东，三分之一以上的董事，监事会或者不设监事会的公司的监事提议召开临时会议的，应当召开临时会议。

第四十条：有限责任公司设立董事会的，股东会会议由董事会召集，董事长主持；董事长不能履行职务或者不履行职务的，由副董事长主持；副董事长不能履行职务或者不履行职务的，由半数以上董事共同推举一名董事主持。

有限责任公司不设董事会的，股东会会议由执行董事召集和主持。

董事会或者执行董事不能履行或者不履行召集股东会会议职责的，由监事会或者不设监事会的公司的监事召集和主持；监事会或者监事不召集和主持的，代表十分之一以上表决权的股东可以自行召集和主持。

第四十三条：第四十三条股东会的议事方式和表决程序，除本法有规定的外，由公司章程规定。

股东会会议作出修改公司章程、增加或者减少注册资本的决议，以及公司合并、分立、解散或者变更公司形式的决议，必须经代表三分之二以上表决权的股东通过。

第一百五十一条：董事、高级管理人员有本法第一百四十九条规定的情形的，有限责任公司的股东、股份有限公司连续一百八十日以上单独或者合计持有公司百分之一以上股份的股东，可以书面请求监事会或者不设监事会的有限责任公司的监事向人民法院提起诉讼；监事有本法第一百四十九条规定的情形的，前述股东可以书面请求董事会或者不设董事会的有限责任公司的执行董事向人民法院提起诉讼。

监事会、不设监事会的有限责任公司的监事，或者董事会、执行董事收到前款规定的股东书面请求后拒绝提起诉讼，或者自收到请求之日起三十日内未提起诉讼，或者情况紧急、不立即提起诉讼将会使公司利益受到难以弥补的损害的，前款规定的股东有权为了公司的利益以自己的名义直接向人民法院提起诉讼。

他人侵犯公司合法权益，给公司造成损失的，本条第一款规定的股东可以依照前两款的规定向人民法院提起诉讼。

003　公司股东之间平均分配股权可取吗

结论：可以，但不建议。

经典案例：案号：（2017）豫 01 民终 6558 号——郑州某能源公司、许某、陈某、陈某某、李某等公司决议纠纷一案。

案情简介：郑州某能源公司成立于 2013 年 11 月 1 日，股东 5 人各占 20% 表决权，分别为李某、许某、陈某、陈某某、潘某。李某任执行董事、法定代表人，许某任监事。因李某任执行董事期满未主持召开股东会，许某以监事名义于 2016 年 11 月 4 日向李某和潘某发出召开股东会会议通知。2016 年 11 月 20 日，许某召集陈某、陈某某召开股东会会议，一致决议："一、撤销李某法定代表人的执行董事职务。二、由许某担任新任的郑州某能源公司执行董事、法定代表人。三、撤销原许某的监事职务，由股东陈某担任。四、新当选执行董事、法定代表人和上任执行董事、法定代表人应在大会结束后十五日内到工商部门办理新老执行董事、法定代表人和监事的变更和交接手续。"李某得知以上股东会决议后，诉至法院，请求确认股东会决议无效。

一审裁判观点：本案股东会决议的主要内容是更换公司执行董事及法定代表人，是否必须经代表三分之二以上表决权的股东

通过是本案争议的焦点问题。根据公司法的规定，必须经代表三分之二以上表决权的股东通过的公司章程变更属于重大事项，公司的"法定代表人"事项为公司章程的必备内容，公司法定代表人任期届满后，经过股东会选举产生新的法定代表人，对原法定代表人进行更换，属于对公司章程的变更事项，应当符合公司法规定。郑州某能源公司有5个相同表决权的股东，许某、陈某、陈某某的表决权占五分之三，达不到三分之二以上多数，以此作出的股东会决议违反了法律的强制性规定，应当确认无效。故李某的诉讼请求理由成立，应予支持。

二审裁判观点： 本案当事人争议的焦点，在于案涉2016年11月20日郑州某能源公司股东会决议是否有效。对此，应依照我国公司法及郑州某能源公司章程进行认定：该公司章程第二十条规定"本公司不设董事会，设执行董事，由股东会选举产生"；第二十一条规定"执行董事为公司的法定代表人。选举李某为公司法定代表人"；第二十二条规定"执行董事任期三年"。以上规定可显示，该公司的执行董事即为公司法定代表人，执行董事的任期即为法定代表人的任期。根据本案查明的事实，许某于2016年11月4日向该公司股东发出召开股东会通知，并在2016年11月20日召集陈某、陈某某召开股东大会符合公司章程规定。鉴于该次股东会议系在李某任期届满后召开，在李某没有充分证据证明其连任公司执行董事和法定代表人的情况下，由占该公司60%表决权的股东形成的案涉股东会决议，不涉及需要代表三分之二以上表决权的股东通过的内容。故案涉股东会决议不违反公司章程及法律和行政法规的强制性规定，股东会决议有效。李某在本案中请求撤销案涉股东会决议，缺乏充分的事实和法律依据，对其诉讼请求不应予以支持。

分析： 在公司股东为多人时，如各股东持股比例相同，最直接的结果就是股东持有公司表决权比例相同，当公司出现各股东意见分歧时，公司无法形成有效的股东会决议，极易陷入公司僵局。

公司僵局主要发生在以下几种情形：

一是公司经营困难，公司需要扩大注册资本时，部分股东反对公司的增资决议，导致公司增资失败；

二是公司盈利后对扩大规模公司还是及时分配利润无法达成一致意见，做出有效决议；

三是公司股东对公司的经营方向、业务范围是否进行调整，无法达成一致意见时。

因此，为规避上述公司出现僵局的情况，建议公司股东人数为两人时，一人持股 67% 以上；股东人数为 3 人及以上时，保证一名股东与任意股东达成一致意见即可形成符合法律规定比例的有效股东会决议。

关联法律条文： 无强制性法律规定，此事项属意思自治内容。

004　有限责任公司涉及股权的常见融资方式有哪些

结论： 有限责任公司涉及股权的常见融资方式有以下两种：
（1）转让现有股权；（2）增加注册资本。

分析： 有限责任公司不具有对社会不特定募集的资格，在有限责任公司进行融资时，一般采取转让现有股权或增加注册资本的方式进行，具体原理如下：

针对转让现有股权的情况：因《公司法》允许认缴出资，很多股东在公司设立的时候，会预留部分股权用以后期融资（该股权一般登记于某位股东名下），该部分股权虽名义上属股东个人财产，但原股东并未实际出资，出资义务并未因履行而消灭，公司通过引入新股东的实缴资本金达到融资目的。

如公司各股东已履行实际出资义务，鉴于股权属股东个人财产，原则上股权转让款亦属股东个人财产，公司无法通过股东转让股权达到融资目的。这时，可就公司现行价值进行评估，然后通过增加注册资本金的方式引入新股东，如采取这种模式，一般新股东的出资金额高于所享有的股权比例，超出比例部分，计入资本公积金。

另需注意，公司进行债权融资时，要注意避免构成非法吸收公共存款罪。

关联法律条文：《公司法》第二十六条、第二十八条、第三十条、《中华人民共和国公司法司法解释（三）》第十三条、第十九条、第二十条

《公司法》

第二十六条：有限责任公司的注册资本为在公司登记机关登记的全体股东认缴的出资额。

法律、行政法规以及国务院决定对有限责任公司注册资本实缴、注册资本最低限额另有规定的，从其规定。

第二十八条：股东应当按期足额缴纳公司章程中规定的各自所认缴的出资额。股东以货币出资的，应当将货币出资足额存入有限责任公司在银行开设的账户；以非货币财产出资的，应当依法办理其财产权的转移手续。

股东不按照前款规定缴纳出资的，除应当向公司足额缴纳外，还应当向已按期足额缴纳出资的股东承担违约责任。

第三十条：有限责任公司成立后，发现作为设立公司出资的非货币财产的实际价额显著低于公司章程所定价额的，应当由交付该出资的股东补足其差额；公司设立时的其他股东承担连带责任。

《中华人民共和国公司法司法解释（三）》

第十三条：股东未履行或者未全面履行出资义务，公司或者其他股东请求其向公司依法全面履行出资义务的，人民法院应予支持。

公司债权人请求未履行或者未全面履行出资义务的股东在未出资本息范围内对公司债务不能清偿的部分承担补充赔偿责任的，人民法院应予支持；未履行或者未全面履行出资义务的股东已经承担上述责任，其他债权人提出相同请求的，人民法院不予支持。

股东在公司设立时未履行或者未全面履行出资义务，依照本条第一款或者第二款提起诉讼的原告，请求公司的发起人与被告股东承担连带责任的，人民法院应予支持；公司的发起人承担责任后，可以向被告股东追偿。

股东在公司增资时未履行或者未全面履行出资义务，依照本条第一款或者第二款提起诉讼的原告，请求未尽公司法第一百四十八条第一款规定的义务而使出资未缴足的董事、高级管理人员承担相应责任的，人民法院应予支持；董事、高级管理人员承担责任后，可以向被告股东追偿。

第十九条：公司股东未履行或者未全面履行出资义务或者抽逃出资，公司或者其他股东请求其向公司全面履行出资义务或者返还出资，被告股东以诉讼时效为由进行抗辩的，人民法院不予支持。

公司债权人的债权未过诉讼时效期间，其依照本规定第十三条第二款、第十四条第二款的规定请求未履行或者未全面履行出资义务或者抽逃出资的股东承担赔偿责任，被告股东以出资义务或者返还出资义务超过诉讼时效期间为由进行抗辩的，人民法院不予支持。

014

第二十条：当事人之间对是否已履行出资义务发生争议，原告提供对股东履行出资义务产生合理怀疑证据的，被告股东应当就其已履行出资义务承担举证责任。

005　有限责任公司设立时预留多少比例股权用于未来融资比较合理

结论：预留部分应根据预计融资次数考虑，如采取持股平台方式，则一般无特殊要求；如采取直接转让现有股权方式，则建议预留区间为 10%~25%。

分析：用于融资的股权比例属公司自行决定事项，法律未做干涉，但笔者在服务企业期间，有如下感悟：如采取持股平台方式进行融资，则持股平台一般设立为有限合伙组织，由待融资公司的法定代表人或负责人担任有限合伙组织的负责人，此种情况下，无论有限合伙组织所占股权比例多少，均不影响待融资公司的控制权归实际控制人所有，此时对预留股权的要求相对较低。

采用直接转让现有股权方式进行融资时，需综合各种因素考虑，其中，公司控制权问题是重中之重，结合本书第 001 问与第 002 问，融资后，实际控制人占股比例不建议低于 67%，但一味降低融资出让股权比例，可能造成投资人无兴趣或融资金额低的局面，特别是需要多次融资时，因此建议预留股权比例区间为

10%~25%，每次融资出让10%左右。

关联法律条文：用于融资的股权比例，法律无明文规定。

006　股权代持有何利弊

结论：股权代持优点：（1）具有灵活性；（2）隐蔽性；（3）简便性。股权代持缺点：风险性较高。

经典案例：案号：（2018）京02民终1975号——曹某、曹某某、北京某装修公司（第三人）股东资格确认纠纷一案。

案情简介：曹某与曹某某系姐弟关系。1997年，曹某某欲出资与张某成立北京某装修公司，曹某某与曹某、赵某分别达成口头协议，由曹某某出资，由曹某、赵某分别代曹某某持有北京某装修公司的股权。1997年1月6日，北京某装修公司成立，注册资本50万元。北京某装修公司的工商登记材料显示，股东分别为曹某、赵某、张某，三人分别以实物出资40万元、5万元、5万元，赵某任执行董事，曹某某任经理，张某任监事。1999年7月28日，赵某与曹某某签订出资转让协议，赵某愿将其在北京某装修公司的出资5万元转让给曹某某。后北京某装修公司经多次增资，注册资本增资至500万元，公司章程显示：曹某出资50万元，曹某某出资400万元，张某出资50万元。

公司工商档案中备案信息显示：2001 年 12 月 1 日曹某与曹某某签订《股权转让协议》，曹某将公司的部分股权 230 万元转让给曹某某；2011 年 12 月 19 日曹某与曹某某签订《股权转让协议》，曹某同意将其本人在北京某装修公司的全部股权 50 万元转让给曹某某，股权转让后曹某在北京某装修公司不再拥有股权。2011 年 12 月 19 日，北京某装修公司修改章程，股东注资及持股比例变更为曹某某货币出资 450 万元，张某货币出资 50 万元，北京某装修公司随后在工商行政管理机关办理了相应的变更登记手续。

曹某以 2011 年 12 月 19 日的股权转让协议中"曹某"的签名不是本人所签为由，提起诉讼。2012 年 6 月 4 日，曹某某将北京某装修公司诉至一审法院，要求确认名义股东曹某持有的北京某装修公司 80% 的股权（相当于 400 万元出资款）为曹某某实际出资并享有，诉讼中，曹某被追加为第三人。

裁判观点：一审法院认为：综合现有证据，依据优势证据原则可以认定，曹某于 1997 年 1 月至 2011 年 12 月名下持有的案涉公司股权的出资人为曹某某，曹某与曹某某之间在此期间存在股权代持关系，同时，曹某称其为案涉公司的股东及出资人，但其不能证明此前案涉名下的案涉公司股权的出资由本人支付，其在案涉公司的作用及长达十年的反应与其绝对控股地位不符。

二审法院认为，曹某并未提供证据证明其主张，应该承担不利的法律后果，二审法院对其上诉主张不予支持，一审法院综合各证据认定曹某名下股权对应的出资资金并非曹某所支付，并无

不当，二审法院予以支持。此外，即使曹某主张属实，除工商档案中股东会决议的部分签名外，曹某未能提供证据证明其在北京某装修公司中有与其持股地位相当的角色。况且，曹某名下的部分股权在 2001 年即被转至曹某某名下，曹某某也一直以北京某装修公司董事长的身份代表北京某装修公司，曹某却直至 2011 年才向曹某某提出异议，不符合常理。

分析：股权代持一般发生在实际出资人不方便显名或多股东为形成合力共同委托某一股东对外代表或实际出资人以股权向债权人提供担保的情形。

针对实际出资人不便于显名的情况，一般是实际出资人具有特殊身份或其他目的（如防止财产被执行），此时，股权代持能一定程度达到实际出资人真实目的，但如实际出资人真实目的属违反法律强制性规定时，该代持行为仍有可能被认定为无效。

如代持系众多小股东为维护自身权益的合作方式，则该方式合法有效，且能一定程度达到能对公司施加具有重大影响的结果，维护小股东的自身权益。

但无论基于以上何种目的进行的代持，均不能排除名义股东侵害实际出资人合法权益行为的可能（如将股权转让、质押），实践中，笔者建议实际出资人在将股权交由他人代持时在股权上设立质押，此举能有效避免、减少名义股东擅自处分带来的风险。

对于股权代持的真实目的系为债权人提供担保的，法院一般会根据合同的真实目的对合同性质作出认定，不认为双方之间代持关系成立，至于让与担保是否成立不属本书讨论问题，在此不再赘述，读者在提供担保时，对此方式应谨慎对待。

关联法律条文：《公司法》第二十五条、《中华人民共和国公司法司法解释（三）》第二十五条、第二十六条

《公司法》

第二十五条：有限责任公司章程应当载明下列事项：

（一）公司名称和住所；

（二）公司经营范围；

（三）公司注册资本；

（四）股东的姓名或者名称；

（五）股东的出资方式、出资额和出资时间；

（六）公司的机构及其产生办法、职权、议事规则；

（七）公司法定代表人；

（八）股东会会议认为需要规定的其他事项。

股东应当在公司章程上签名、盖章。

《中华人民共和国公司法司法解释（三）》

第二十五条：名义股东将登记于其名下的股权转让、质押或者以其他方式处分，实际出资人以其对于股权享有实际权利为由，请求认定处分股权行为无效的，人民法院可以参照民法典第三百一十一条的规定处理。

名义股东处分股权造成实际出资人损失，实际出资人请求名义股东承担赔偿责任的，人民法院应予支持。

第二十六条：公司债权人以登记于公司登记机关的股东未履行出资义务为由，请求其对公司债务不能清偿的部分在未出资本息范围内承担补充赔偿责任，股东以其仅为名义股东而非实际出资人为由进行抗辩的，人民法院不予支持。

名义股东根据前款规定承担赔偿责任后，向实际出资人追偿的，人民法院应予支持。

第二章 公司名称、性质

007 哪些名词不能用作企业名称

结论：1. 有损于国家、社会公共利益、对公众造成欺骗或误导、外国国家名称、国际组织名称、政党名称、党政军机关名称、群团组织名称、社会组织名称及部队番号等均不得作为企业名称出现；

2. 名称不得与第三人已注册名称重复。

经典案例：案号：（2019）川01行终497号——某市场监督管理局、某酒业有限公司等工商行政管理纠纷一案。

案情简介：2002年，某窖公司以15年商标品牌排他使用权出资，与其他三公司签订《重组某酒业有限公司协议书》，占某酒业有限公司（后更名为"大某公司"）20%的股份，许可使用期限至2017年4月8日止。

期间，出资入股商标被核准为第 4514549 号注册商标（核定使用在第 33 类商品上）。2017 年 2 月 6 日，大某公司召开临时股东会，欲将经营期限变更为长期，某窖公司投反对票，其余股东均同意。因某窖公司对大某公司有关变更事项提出异议，原某市工商局、原省工商局不予作出变更登记。

某窖公司要求原某市工商局于 2017 年 3 月 16 日举行听证会。2017 年 3 月 23 日，原某市工商局作出登记驳回通知书，对大某公司的经营期限变更申请不予登记，并告知其变更企业名称后重新申请。大某公司不服该登记驳回通知书，向原省工商局提出行政复议申请。原省工商局于 2017 年 4 月 24 日受理，并于 2017 年 7 月 13 日作出川行政复议决定书，决定维持原某市工商局作出的登记驳回通知书，并于 2017 年 7 月 18 日邮寄送达原某市工商局、大某公司及某窖公司。2017 年 8 月 4 日，大某公司向原审法院提起行政诉讼，要求撤销原某市工商局作出的登记驳回通知书和原省工商局作出的复议决定，并责令原某市工商局自收到生效判决之日起十五日内对大某公司经营期限变更申请依法予以核准登记。

裁判观点：根据《中华人民共和国企业法人登记管理条例》第四条第一款、第八条及第二十六条的规定，上诉人原某市工商局具有作出被诉登记驳回通知书的法定职权。本案中，被上诉人大某公司按照《中华人民共和国公司法》《中华人民共和国公司登记管理条例》的相关规定向原某市工商局提交申请材料，申请变更经营期限登记。原某市工商局依法受理后，在审查过程中收到原审第三人某窖公司关于纠正大某公司名称的申请，某窖公司认为大某公司营业期限已届满，不再继续合作经营，要求停止使用某窖公司注册商标作为企业字号。根据《企业名称登记管理规定》相关规定，原某市工商局具有核准或者驳回企业名称登记申请、监督管理企业名称的使用、保护企业名称专用权、纠正已登记注册的不适宜的企业名称的行政职权。但其在工商登记审查过程中因某窖公司提出企业名称异议，对大某公司申请变更经营期限登记所使用的企业名称进行审查监督，应当按照《企业名称登记管理实施办法》第四十三、四十四条规定的程序进行处理，充分保护大某公司的知情权与申辩权。根据本案查明的事实，虽然原市工商局举行了听证，但是其未在听证通知书中载明听证的内容包含某窖公司提出的名称争议的事项，也未向大某公司书面进行告知名称争议的情况及要求大某公司在一个月之内提交书面意见。大某公司在听证过程中亦未对企业名称争议发表意见，也未提交相关的证据。原某市工商局在此情况下，直接作出被诉登记驳回通知书，以大某公司企业名称存在《企业名称登记管理规定》第九条第一款第二项、第六项的情形为由，决定对大某公司提出的申请不予登记，违反法定程序，侵害了大某公司的程序性权利，应予撤销。

分析：对于社会中常出现的利用谐音与某国家、组织名称发音一致的公司名称，严格意义上来说，均不符合企业名称的要求，例如俄螺蛳，对于这种类型的企业名称，能注册通过属幸运，无法通过审核属正常。企业名称不得含有可能对公众造成欺骗或者误解的内容和文字，不得含有有损于国家、社会公共利益的内容和文字，不得使用外文、字母和阿拉伯数字等。因此，各位企业家或顾问律师在为新的公司取名时，应严格遵守法律法规规定，避免出现禁止性字样。

关联法律条文：《企业名称禁限用规则》第四条、第五条、第六条、第七条、第八条、第九条、第十条

第四条：企业名称不得与同一企业登记机关已登记注册、核准的同行业企业名称相同。

以下情形适用于本条款规定：

（一）与同一登记机关已登记、或者已核准但尚未登记且仍在有效期内、或者已申请尚未核准的同行业企业名称相同；

（二）与办理注销登记未满 1 年的同行业企业名称相同；

（三）与同一登记机关企业变更名称未满 1 年的原同行业名称相同；

（四）与被撤销设立登记和被吊销营业执照尚未办理注销登记的同行业企业名称相同。

第五条：企业名称不得含有有损于国家、社会公共利益的内容和文字。

以下情形适用于本条款规定：

（一）有消极或不良政治影响的。如"支那""黑太阳""大地主"等。

（二）宣扬恐怖主义、分裂主义和极端主义的。如"九一一""东突""占中"等。

（三）带有殖民文化色彩，有损民族尊严和伤害人民感情的。如"大东亚""大和""福尔摩萨"等。

（四）带有种族、民族、性别等歧视倾向的。如"黑鬼"等。

（五）含有封建文化糟粕、违背社会良好风尚或不尊重民族风俗习惯的。如"鬼都""妻妾成群"等。

（六）涉及毒品、淫秽、色情、暴力、赌博的。如"海洛因""推牌九"等。

第六条： 企业名称不得含有可能对公众造成欺骗或者误解的内容和文字。

以下情形适用于本条款规定：

（一）含有党和国家领导人、老一辈革命家、知名烈士和知名模范的姓名的。如"董存瑞""雷锋"等。

（二）含有非法组织名称或者反动政治人物、公众熟知的反面人物的姓名。如"法轮功""汪精卫""秦桧"等。

（三）含有宗教组织名称或带有显著宗教色彩的。如"基督教""佛教""伊斯兰教"等。

第七条： 企业名称不得含有外国国家（地区）名称、国际组织名称。

第八条： 企业名称不得含有政党名称、党政军机关名称、群团组织名称、社会组织名称及部队番号。

第九条： 企业名称应当使用符合国家规范的汉字，不得使用外文、字母和阿拉伯数字。

第十条： 企业名称不得含有其他法律、行政法规规定禁止的内容和文字。

008　公司名称与字号有何区别

结论： 企业名称由行政区划、字号、行业和组织形式依次构成。字号是企业名称的重要组成部分，往往字号就是企业名称的简称。

经典案例： 案号：（2018）京 0105 行初 242 号——张某某与北京市工商行政管理某分局工商行政管理纠纷一案。

案情简介： 2018 年 3 月 14 日，张某某通过北京工商登记申请服务平台向北京某工商分局提出名称预先核准登记的申请。其申请的企业名称为"北京某房屋征收服务有限公司"。2018 年 3 月 15 日，北京某工商分局经审查，以"根据您的主营业务，规范行业用语，并选择相应的行业代码"为由将张某某申请通过系统退回，令张某某修改。

张某某不服诉称，某工商分局将其申请退回，不予核准张某某的企业名称预先核准的申请没有事实和关联法律条文。为维护其合法权益，依据《中华人民共和国行政诉讼法》《企业名称登记管理规定》《企业名称登记管理实施办法》的相关规定，向法院提起诉讼，要求判令某工商分局依法核准张某某的企业名称预先核准申请。

裁判观点：针对张某某提出的公司名称预先核准申请，北京某工商分局的处理决定实质为不予核准。本案的核心问题在于，张某某提出的名称预先核准申请是否符合法定核准条件，也从另一层面体现了对某工商分局作出的行政处理决定是否合法的审查。关于企业名称预先核准的审查，包含拟设立的企业名称是否涵盖了法定构成要素，构成要素的表述是否符合法律、法规规定，名称中是否含有法律、法规禁止的内容和文字等多个方面。合议庭认为，行业特点表述是企业名称中必须具备的构成要素，行业特点的表述方式应参照国民经济行业分类标准但并非要求具有绝对一致性，张某某欲从事的房屋征收服务经营活动有相应法规依据，且在企业名称中使用不会产生误导社会公众的效果。某工商分局对张某某申请名称预先核准的审查缺乏法律依据。张某某提出的名称预先核准申请符合法律、法规对企业名称构成要素、排列顺序的要求，不含有法律、法规禁止的内容和文字，且某工商分局已排除其申请含有其他不合法因素，在此情况下，对于张某某提出的要求核准的诉讼请求本院应予支持。

分析：一般而言，公司的名称中应该包含字号，且企业名称组成部分依次为：地域、字号（或者商号，下同）、行业或者经营特点、组织形式。针对历史悠久、字号驰名的企业，经国家行政管理局核准，可以不带所在地行政区划名称。

关联法律条文：《企业名称禁限用规则》第十一条、第十二条

第十一条： 企业名称应当由行政区划、字号、行业、组织形式依次组成。企业名称中的行政区划是本企业所在地县级以上行政区划的名称或地名。市辖区的名称不能单独用作企业名称中的行政区划。

第十二条： 企业名称中的字号应当由 2 个以上的符合国家规范的汉字组成，行政区划、行业、组织形式不得用作字号。

009 公司名称是否等同于商标名称

结论： 不等同。

分析： 公司名称是法人的对外名字，而商标是商品的标记也叫"牌子"。公司名称是不可以转让的。而商标可以转让，且商标有十年有效期。二者的主要区别主要在于：

一、拥有数量不同。一个公司可以拥有多个商标或者无任何商标，但一个公司必须拥有一个名称，且两个公司可以共同申请一个商标，但两个公司不能共用一个名称。

二、登记注册的依据不同。注册商标是依照商标法规定进行注册，而企业名称则依照公司法、外商投资企业法、中外合资企业法、中外合作经营企业法、合伙组织法、个人独资企业法、企业名称登记管理规定等法律、行政法规进行登记。

三、取得方式不同。商标实行自愿注册与强制注册相结合的原则，其做法是除按规定某些特定商品必须使用注册商标以外，一般商品的商标采取自愿注册原则，即注册的享有专用权，未注册的仍可使用，但不享有专用权；而对企业名称，未经核准登记的名称不准使用，也就不享有名称权。

四、权利特征和内容不同。商标权是工业产权，只具有财产权的特征，不带有人身性；而企业名称权是一种兼有人身权和财产权特征的权利。所以，企业名称权一般不允许单独转让或者许可他人使用。

考虑到上述原因，如对企业名称特别满意，可以考虑将其中的字号申请注册为商标，以此获得更大程度的保护。

关联法律条文：《商标法》第八条、第三十九条、第四十二条、第四十三条

第八条：任何能够将自然人、法人或者其他组织的商品与他人的商品区别开的标志，包括文字、图形、字母、数字、三维标志、颜色组合和声音等，以及上述要素的组合，均可以作为商标申请注册。

第三十九条：注册商标的有效期为十年，自核准注册之日起计算。

第四十二条：转让注册商标的，转让人和受让人应当签订转让协议，并共同向商标局提出申请。受让人应当保证使用该注册商标的商品质量。

转让注册商标的，商标注册人对其在同一种商品上注册的近似的商标，或者在类似商品上注册的相同或者近似的商标，应当一并转让。

对容易导致混淆或者有其他不良影响的转让，商标局不予核准，书面通知申请人并说明理由。

转让注册商标经核准后，予以公告。受让人自公告之日起享有商标专用权。

第四十三条：商标注册人可以通过签订商标使用许可合同，许可他人使用其注册商标。许可人应当监督被许可人使用其注册商标的商品质量。被许可人应当保证使用该注册商标的商品质量。

经许可使用他人注册商标的，必须在使用该注册商标的商品上标明被许可人的名称和商品产地。

许可他人使用其注册商标的，许可人应当将其商标使用许可报商标局备案，由商标局公告。商标使用许可未经备案不得对抗善意第三人。

010 有限责任公司与股份有限公司如何选择

结论：根据股东承担责任能力的大小、公司规模进行选择。

经典案例：案号：（2009）闸民二（商）初字第 388 号——上海某贸易有限公司与王某、刘某租赁合同纠纷一案。

案情简介： 上海某贸易有限公司因租赁合同纠纷起诉上海某房地产发展有限公司（以下简称"房产公司"）要求房产公司支付租金。该案于 2006 年 10 月 16 日作出（2006）闵民二（商）初字第 2428 号民事判决书，上海某贸易有限公司胜诉，但房产公司下落不明且无资产。经查，被告王某、刘某系房产公司的股东，在房产公司成立时，系由上海某经济发展有限公司（以下简称"经济公司"）融资 800 万元，帮助被告王某、刘某验资，在验资后又迅速抽回融资。2009 年 5 月 5 日，上海某贸易有限公司起诉王某、刘某就房产公司拖欠其租金承担连带清偿责任、经济公司承担补充清偿责任。

王某、刘某曾为设立房产公司，通过朋友分别向经济公司借款 600 万元、200 万元，并约定归还日期。2003 年 12 月 16 日经济公司通过贷记凭证的方式向王某、刘某个人账户分别划入 600 万元和 200 万元。同日，被告王某、刘某将上述款项作为个人资金划入为设立房产公司的银行验资账户中。2003 年 12 月 17 日房产公司被核准成立，工商登记中记载股东王某出资额为 600 万元、股东刘某出资额为 200 万元，注册资金为 800 万元。2003 年 12 月 18 日房产公司以转账支票的方式支付经济公司 8000320 元。

裁判观点： 公司的设立应符合我国公司法的规定，房产公司股东系王某、刘某，股东应当按公司的章程的规定缴纳其认缴的出资额。然而被告王某、刘某在设立房产公司的过程中用于验资的款项系通过向经济公司借款而来，验资完毕公司设立后就将

800 万元归还了经济公司。被告王某、刘某在房产公司验资完毕后已将资金全部抽逃，以归还经济公司的借款，被告王某、刘某实际并未出资。注册资金是公司设立并从事生产经营活动的物质基础，也是公司对外承担债务责任的保证。被告王某、刘某的上述行为，导致房产公司注册资金不实，其行为主观上存在过错，客观上损害了债权人的利益，因此房产公司的二名股东即被告王某、刘某应对房产公司结欠的（2006）闵民二（商）初字第2428 号民事判决确认的债务在各自出资不实的范围内承担连带清偿责任。关于上海某贸易有限公司主张经济公司承担补充赔偿责任，本院认为，从资金的流向来看，经济公司是直接借款给被告王某、刘某，且并不知道其借款的用途，而王某、刘某组建成立的房产公司也不在本市注册，上海某贸易有限公司也未提供房产公司成立过程中经济公司存在过错的证据，故对上海某贸易有限公司要求经济公司承担补充赔偿责任的诉请请求，本院不予支持。

分析：因本书主要针对中小企业所著，故仅围绕有限责任公司与股份有限公司的成立条件、股东责任类型进行讨论，至于公司组织结构区别、是否符合上市条件，本书不做讨论。

1. 从公司成立条件上分析。有限责任公司要求是 50 人以下，股份有限公司要求是有 2 人以上 200 人以下为发起人，其中须有半数以上的发起人在中国境内有住所，在这里的半数并非指股份比例半数，仅指发起人的人数，应予以注意。

2. 股东承担责任的类型来看，有限责任公司的股东以其认缴的出资额为限对公司承担责任。股份有限公司的股东以其认购的股份为限对公司承担责任。举例说明，如有限责任公司注册资本金为1000万元，如股东在认缴限额内履行了全部出资义务后，无论公司发生多大的债务亏损，只要有限责任公司与股东之间未出现股东需承担连带责任的情况，债务只能由公司自行承担，股东无需另外出钱。反之，如股份有限公司注册资本金1000万元，发生债务，股东张三占10%股份，且已经实际出资100万元，即使履行了出资义务，张三仍需对公司偿还能力之外的债务承担10%的偿还责任，即所谓的以其认购的股份为限对公司承担责任。

3. 从公司日常运作模式上分析。通过上述分析我们可以看出，有限责任公司更能保护中小企业股东的权益，避免中小企业股东因投资不慎造成"永无翻身"的境况，但也正因为有限责任公司的股东责任有限性，大的合作机遇一般更容易落到股份有限公司身上。所以，各位读者在自行选择企业性质或为他人提供建议时，应根据客观情况，结合股东经济实力、公司未来计划合理选择。

关联法律条文：《公司法》第三条、第二十三条、第二十四条、第五十条、第七十六条、第七十八条。

第三条：公司是企业法人，有独立的法人财产，享有法人财产权。公司以其全部财产对公司的债务承担责任。

有限责任公司的股东以其认缴的出资额为限对公司承担责任；股份有限公司的股东以其认购的股份为限对公司承担责任。

第二十三条：设立有限责任公司，应当具备下列条件：

（一）股东符合法定人数；

（二）有符合公司章程规定的全体股东认缴的出资额；

（三）股东共同制定公司章程；

（四）有公司名称，建立符合有限责任公司要求的组织机构；

（五）有公司住所。

第二十四条：有限责任公司由五十个以下股东出资设立。

第五十条：股东人数较少或者规模较小的有限责任公司，可以设一名执行董事，不设董事会。执行董事可以兼任公司经理。

执行董事的职权由公司章程规定。

第七十六条：设立股份有限公司，应当具备下列条件：

（一）发起人符合法定人数；

（二）有符合公司章程规定的全体发起人认购的股本总额或者募集的实收股本总额；

（三）股份发行、筹办事项符合法律规定；

（四）发起人制订公司章程，采用募集方式设立的经创立大会通过；

（五）有公司名称，建立符合股份有限公司要求的组织机构；

（六）有公司住所。

第七十八条：设立股份有限公司，应当有二人以上二百人以下为发起人，其中须有半数以上的发起人在中国境内有住所。

011 一人有限责任公司股东如何避免承担无限责任

结论： 股东财产独立于公司财产，且避免公司财产与股东个人财产混同。

经典案例： 案号：（2018）鲁 1502 民初 206 号——任某、张某、张某某、山东某进出口贸易有限公司民间借贷纠纷一案。

案情简介： 山东某泰进出口贸易有限公司（以下简称"贸易公司"）系被告张某自然人独资公司，被告张某某系法定代表人，担任经理一职。张某某与耿某某系夫妻关系。2016 年 10 月 10 日，原告任某与被告贸易公司签订《投资理财协议书》，协议书约定原告不承担被告贸易公司的经营亏损，按月收取 1.8% 的固定利息，6 个月到期后归还本金。如不能按时支付利息，需支付月利息额 20% 作为滞纳金，如不能按时偿还本金，需支付本金额 2% 作为滞纳金。原告自己转给被告投资款 47.1 万元，通过原告丈夫耿某某转给被告投资款 30.5 万元。原告收到被告部分还款，尚欠本金 46 万元。故原告诉至法院要求三被告偿还借款本金、利息及滞纳金。

裁判观点： 被告贸易公司系被告张某自然人独资公司，被告张某某系法定代表人。原告及其配偶履行付款义务时分别将款项转账给张某或张某某。被告未提交证据证明公司资产独立于股东张某个人资产，故被告张某应对公司债务承担连带清偿责任。张某某虽为公司法定代表人，但非公司股东，故原告要求其承担连带责任之请求于法无据。双方约定的利息为月息 2%，原告请求支付滞纳金超出法律规定，超出部分不予保护。

分析： 实践中，一人有限责任公司因其特殊性，股东往往将公司作为个人"存钱罐"或者"信用卡"，个人的钱在公司需要用钱的时候，直接交于公司使用，个人财产不足时，直接将公司财产取出，这样做的直接危害就是造成公司与股东之间财产混同，如一人有限责任公司与案外第三人发生争议或者纠纷，股东承担的是连带清偿责任。

需要强调的一点是，现有证据规则下，根据法律规定，举证责任倒置，由股东来举证证明其与公司之间未出现财产混同行为，这其中包括详细、真实、准确的会计账目、公司资金的交易发票以及股东与公司之间结算或分红记录等，如无法提供相应证据，法院一般会认定公司与股东存在财产混同，届时股东将面临不利后果。

关联法律条文：《公司法》第六十二条、第六十三条

第六十二条： 一人有限责任公司应当在每一会计年度终了时编制财务会计报告，并经会计师事务所审计。

第六十三条： 一人有限责任公司的股东不能证明公司财产独立于股东自己的财产的，应当对公司债务承担连带责任。

012 有限合伙与普通合伙如何确定

结论：根据各合伙人是否共同经营及愿意承担责任的大小进行确定。

分析：根据法律规定，普通合伙组织由普通合伙人组成，合伙人对合伙组织债务承担无限连带责任。有限合伙组织由普通合伙人和有限合伙人组成，普通合伙人对合伙组织债务承担无限连带责任，有限合伙人以其认缴的出资额为限对合伙组织债务承担责任。

举例说明，如甲、乙、丙三人成立普通合伙组织，初始资金30万元，后发生合伙组织的债务100万元，甲乙丙任何一方均需承担100万元的连带偿还责任；如甲乙丙三方成立有限合伙组织，初始资金30万元，每人10万元，甲作为其中的普通合伙人，乙丙作为有限合伙人，后合伙组织发生债务100万元，则甲仍需对公司全部100万元债务承担连带清偿责任，乙丙仅以最初出资的10万元为限承担责任。

另外，普通合伙中，全部合伙人均参与合伙组织的经营；有限合伙中，仅其中的普通合伙人负责日常经营。因此，在确定合伙类型时，应根据是否共同经营、是否愿意承担无限连带责任等因素综合考虑。

最后，需要注意，国有独资公司、国有企业、上市公司以及公益性的事业单位、社会团体不得成为普通合伙人，但一般的有限责任公司不适用上述限制条件，可以作为普通合伙人。

关联法律条文：《合伙企业法》第二条、第三条、第六十七条

第二条：本法所称合伙组织，是指自然人、法人和其他组织依照本法在中国境内设立的普通合伙组织和有限合伙组织。

普通合伙组织由普通合伙人组成，合伙人对合伙组织债务承担无限连带责任。本法对普通合伙人承担责任的形式有特别规定的，从其规定。

有限合伙组织由普通合伙人和有限合伙人组成，普通合伙人对合伙组织债务承担无限连带责任，有限合伙人以其认缴的出资额为限对合伙组织债务承担责任。

第三条：国有独资公司、国有企业、上市公司以及公益性的事业单位、社会团体不得成为普通合伙人。

第六十七条：有限合伙组织由普通合伙人执行合伙事务。执行事务合伙人可以要求在合伙协议中确定执行事务的报酬及报酬提取方式。

013　为什么不建议成立合伙组织

结论：普通合伙风险高，有限合伙控制度低。

分析：本书第012问已就普通合伙和有限合伙的特点进行论述，在此不再赘述。需要强调的是，成立有限责任公司，股东以认缴出资额为限对公司债务承担责任，即可以达到合伙经营的目的，也可以降低出现连带责任的风险。同时，依照《公司法》相关规定，重大事项需经股东会三分之二以上表决权通过，公司各股东参与公司事务的程度要高于有限合伙中有限合伙人，综合利弊，不建议成立合伙组织。

关联法律条文：《合伙企业法》第二条、第四条、第六十七条

第二条：本法所称合伙组织，是指自然人、法人和其他组织依照本法在中国境内设立的普通合伙组织和有限合伙组织。

普通合伙组织由普通合伙人组成，合伙人对合伙组织债务承担无限连带责任。本法对普通合伙人承担责任的形式有特别规定的，从其规定。

有限合伙组织由普通合伙人和有限合伙人组成，普通合伙人对合伙组织债务承担无限连带责任，有限合伙人以其认缴的出资额为限对合伙组织债务承担责任。

第四条：合伙协议依法由全体合伙人协商一致、以书面形式订立。

第六十七条：有限合伙组织由普通合伙人执行合伙事务。执行事务合伙人可以要求在合伙协议中确定执行事务的报酬及报酬提取方式。

014 个体工商户是否享有诉讼主体资格

结论：具体情况具体分析，不可一概而论。

经典案例：案号：（2017）京0102民初16950号——北京某科技有限责任公司（以下简称"科技公司"）与韩某买卖合同纠纷一案。

案情简介：原北京某商贸中心系由韩某实际经营的个体工商户。科技公司与该个体工商户之间没有订立书面的买卖合同，但事实上存在买卖轮胎的关系。科技公司从2013年2月28日开始根据该个体工商户的需求供货，时间不固定，最后一次供货时间为2015年5月24日。个体工商户通过银行转账、现金、支票、货物折抵等形式支付货款，每次付款并非针对某一次具体的供货。2016年8月，个体工商户注销。科技公司现持有个体工商户出具的17张借据，均记载了欠科技公司货款的数额、定于7日内付清、如有违约按总额每天罚款3%作补偿。2016

年，科技公司曾将韩某和韩某担任法定代表人的商贸公司诉至法院，要求支付货款及逾期付款利息损失。法院作出（2016）京0102民初24594号民事判决书，判决韩某支付货款和逾期付款利息损失。判决生效后，已经履行完毕。至此，双方确认个体工商户已经付清了全部货款。现科技公司起诉韩某要求支付逾期支付货款违约金。

裁判观点：科技公司持有的17张借据，可以证明科技公司与个体工商户之间对付款数额、时间和违约金达成了协议。由于科技公司与个体工商户之间存在长期持续的买卖关系，但没有书面合同，每一次付款也没有明确指向，因此个体工商户支付的价款应当按照履行期限的先后冲抵欠款。

现双方对已经付清货款的事实没有争议，对17张借据中的给付货款时间存在争议，因此应当对长期持续的买卖关系的履行情况进行全面审查。科技公司应当对其主张承担举证责任，但该公司并未提供证据佐证双方之间所有付款的时间和数额，故该公司主张个体工商户存在逾期付款的违约行为，从而要求实际经营者韩某支付违约金，无事实和法律依据，法院不予支持。

分析：《最高人民法院关于适用〈中华人民共和国民事诉讼法〉的解释》（法释〔2015〕5号）（以下简称"《民诉法解释》"）第五十九条之规定，"在诉讼中，个体工商户以营业执照上登记的经营者为当事人。有字号的，以营业执照上登记的字号为当事人，但应同时注明该字号经营者的基本信息。"对比之前的《最高人民法院关于适用〈中华人民共和国民事诉讼法〉若

干问题的意见》（法发〔1992〕22号）第46条规定："在诉讼中，个体工商户以营业执照上登记的业主为当事人。有字号的，应在法律文书中注明登记的字号……"

可以看出，新《民诉法解释》关于个体工商户诉讼主体资格方面有了较大变化：在表述上，个体工商户以营业执照上登记的"经营者"为当事人，不同于以往的"业主"；另外，对于登记起有"字号"的个体工商户在诉讼中，应以字号为诉讼当事人，而不是仅仅在法律文书中列明登记字号。这体现出个体工商户的独特法律地位。

自2015年2月4日新的司法解释实施后，诉讼中如涉及个体工商户，在确定当事人时，应核实其有无办理工商登记手续，是否处于在业状态，并且确定有无登记字号，登记有字号的，应以登记字号为当事人。

目前工商行政机关对于个体工商户的监督、管理较为宽松，个体工商户报送年度报告和工商部门的日常管理抽查都无需缴纳费用，除个体工商户经营者主动申请注销以外（几乎很少会申请注销），个体工商户一般都处于正常的"在业"状态。当事人在起诉之前，应向工商部门进行核实。

网上有观点认为，如果经营者是以经营者个人名义，从事登记经营范围之外的其他经济活动，或者虽然以个体工商户名义对外从事经济活动，但经过结算双方对权利、义务关系确认，确定由经营者个人承担权利义务的，这种情况下，经营者可以以个人名义参加诉讼，笔者对此观点表述认同。

关联法律条文：《民诉法解释》第五十九条

第五十九条：在诉讼中，个体工商户以营业执照上登记的经营者为当事人。有字号的，以营业执照上登记的字号为当事人，但应同时注明该字号经营者的基本信息。

营业执照上登记的经营者与实际经营者不一致的，以登记的经营者和实际经营者为共同诉讼人。

第三章 章 程

015 哪些事项可以由章程另行规定

结论： 有限责任公司股东会通知时间、表决权行使的方式、经理职权范围、股权转让、股权继承及股份有限公司中股东分红权行使等问题均可通过章程另行约定。

分析： 为了维护市场的稳定以及小股东的权益，《公司法》对部分公司事项进行强制性规定，在强制性规定之外，尽可能发挥市场的主动性及股东积极性，公司章程是全体股东意思自治内容的直接体现。

因此，对于股东会通知时间、表决权行使方式、经理职权范围、股权转让、股权继承及股份有限公司中股东分红权行使问题等，股东之间能达成一致意见且不会损害社会经济秩序的事项，法律赋予股东充分的自由权。

因此，在公司成立伊始，各股东可根据实际需要，在法律赋予的权力范围内，对上述事项作出不同于模板的约定，对于股东会通知时间、经理职权范围及股东身份继承，一经做出，对全体股东及董监高均具有约束力。但对于股东表决权、股权转让闲置及利润分配的额外规定，需要全体股东一致同意，否则对反对的股东不发生效力。补充说明，对于《公司法》三十四条的行使，可以在发起人协议时注明章程仅为办理工商登记需要，具体分红比例依照公司章程进行即可。

关联法律条文：《公司法》第三十四条、第四十一条、第四十二条、第四十九条、第七十一条、第七十五条、第一百六十六条。

第三十四条：股东按照实缴的出资比例分取红利；公司新增资本时，股东有权优先按照实缴的出资比例认缴出资。但是，全体股东约定不按照出资比例分取红利或者不按照出资比例优先认缴出。

第四十一条：召开股东会会议，应当于会议召开十五日前通知全体股东；但是，公司章程另有规定或者全体股东另有约定的除外。

股东会应当对所议事项的决定作成会议记录，出席会议的股东应当在会议记录上签名。

第四十二条：股东会会议由股东按照出资比例行使表决权；但是，公司章程另有规定的除外。

第四十九条：有限责任公司可以设经理，由董事会决定聘任

或者解聘。经理对董事会负责，行使下列职权：

（一）主持公司的生产经营管理工作，组织实施董事会决议；

（二）组织实施公司年度经营计划和投资方案；

（三）拟订公司内部管理机构设置方案；

（四）拟订公司的基本管理制度；

（五）制定公司的具体规章；

（六）提请聘任或者解聘公司副经理、财务负责人；

（七）决定聘任或者解聘除应由董事会决定聘任或者解聘以外的负责管理人员；

（八）董事会授予的其他职权。

公司章程对经理职权另有规定的，从其规定。经理列席董事会会议。

第七十一条：有限责任公司的股东之间可以相互转让其全部或者部分股权。

股东向股东以外的人转让股权，应当经其他股东过半数同意。股东应就其股权转让事项书面通知其他股东征求同意，其他股东自接到书面通知之日起满三十日未答复的，视为同意转让。其他股东半数以上不同意转让的，不同意的股东应当购买该转让的股权；不购买的，视为同意转让。

经股东同意转让的股权，在同等条件下，其他股东有优先购买权。两个以上股东主张行使优先购买权的，协商确定各自的购买比例；协商不成的，按照转让时各自的出资比例行使优先购买权。

公司章程对股权转让另有规定的，从其规定。

第七十五条：自然人股东死亡后，其合法继承人可以继承股东资格；但是，公司章程另有规定的除外。

第一百六十六条：公司分配当年税后利润时，应当提取利润的百分之十列入公司法定公积金。公司法定公积金累计额为公司注册资本的百分之五十以上的，可以不再提取。

公司的法定公积金不足以弥补以前年度亏损的，在依照前款规定提取法定公积金之前，应当先用当年利润弥补亏损。

公司从税后利润中提取法定公积金后，经股东会或者股东大会决议，还可以从税后利润中提取任意公积金。

公司弥补亏损和提取公积金后所余税后利润，有限责任公司依照本法第三十四条的规定分配；股份有限公司按照股东持有的股份比例分配，但股份有限公司章程规定不按持股比例分配的除外。

股东会、股东大会或者董事会违反前款规定，在公司弥补亏损和提取法定公积金之前向股东分配利润的，股东必须将违反规定分配的利润退还公司。

公司持有的本公司股份不得分配利润。

016　章程可否规定出资比例不同于持股比例

结论：不可以，但公司章程可约定持股比例不同于享有的分红比例及表决权比例。

经典案例：案号：（2011）民提字第 6 号——郑州某公司与深圳市某信息公司、开封市某咨询公司及珠海某教育公司股权确认纠纷一案。

案情简介：2006 年 10 月 26 日，郑州公司与深圳公司、开封公司签订了《关于组建珠海某教育公司投资协议》（以下简称《10.26 协议》），《10.26 协议》约定：（1）郑州公司以现金出资人民币 300 万元，占公司注册资本 30%；深圳公司以现金出资人民币 150 万元，占公司注册资本 15%；开封公司以现金出资人民币 550 万元，占公司注册资本 55%。并约定三方应及时将缴纳的出资打入新设立公司筹委会账户……同日，通过了《珠海某教育公司章程》。约定：公司注册资本 1000 万元人民币。深圳公司认缴出资额 550 万元、比例 55%，郑州公司认缴出资额 300 万元、比例 30%，开封公司认缴出资额 150 万元、比例 15%。各股东应当于公司注册登记前足额缴纳各自所认缴的出资额。章程与《10.26 协议》冲突的，均以《10.26 协议》为准。

2006 年 10 月 31 日，经珠海市工商局核准，某教育公司变更为某投资公司。注册资金由 50 万元变更为 1000 万元，股东由娄某某、刘某某、赵某某变更为郑州公司、深圳公司和开封公司。同日，某投资公司与珠海某分校签订了《合作兴办某学院协议书》，约定了合作办学项目的具体事项。郑州公司陆续投入 1750 万元，连同 1000 万元出资共计投入 2750 万元。深圳公司认可 2006 年 11 月 2 日以后郑州公司才接管某投资公司账户。某投资公司在与珠海某分校合作办学的过程中，双方产生矛盾，在是否与珠海某分校继续合作上也发生争议，郑州公司遂提起诉讼。

裁判观点：股东认缴的注册资本是构成公司资本的基础，但公司的有效经营有时还需要其他条件或资源，因此，在注册资本符合法定要求的情况下，我国法律并未禁止股东内部对各自的实际出资数额和占有股权比例做出约定，这样的约定并不影响公司资本对公司债权担保等对外基本功能实现，并非规避法律的行为，应属于公司股东意思自治的范畴。

在公司注册资本符合法定要求的情况下，各股东的实际出资数额和持有股权比例应属于公司股东意思自治的范畴。股东持有股权的比例一般与其实际出资比例一致，但有限责任公司的全体股东内部也可以约定不按实际出资比例持有股权，这样的约定并不影响公司资本对公司债权担保等对外基本功能实现。如该约定是各方当事人的真实意思表示，且未损害他人的利益，不违反法律和行政法规的规定，应属有效，股东按照约定持有的股权应当受到法律的保护。

分析： 首先，我国法律并未禁止股东内部对各自的实际出资数额和占有股权比例作出自由约定，股东之间关于出资和持股比例的约定，应属于公司股东意思自治的范畴，合法有效。

其次，股东内部对利润分配比例及方式做出约定，往往是建立在股东各方对各自掌握的经营资源、投入成本及预期收入进行综合判断的结果，是各方当事人的真实意思表示，并未损害他人的利益，不违反法律和行政法规的规定，属有效约定。

最后，考虑到工商行政管理部门可能会要求公司适用成套模板，对模板之外约定可能会不予登记。因此，各股东可以通过股东协议的形式，对持股比例、利润分配进行约定，并注明公司章程与股东协议不一致的，以股东协议约定为准或在股东会决议中对该事项作出决议。

关联法律条文：《公司法》第三十四条、第四十二条。

第三十四条： 股东按照实缴的出资比例分取红利；公司新增资本时，股东有权优先按照实缴的出资比例认缴出资。但是，全体股东约定不按照出资比例分取红利或者不按照出资比例优先认缴出。

第四十二条： 股东会会议由股东按照出资比例行使表决权；但是，公司章程另有规定的除外。

017　章程能否约定全部事项均需全体股东通过

结论：有限责任公司可以，但不建议采取。

经典案例：（2013）滁民二再终字第00014号——王某与被申请人刘某、上海某公司、全某公司确认股东会决议效力纠纷一案。

案情简介：2004年5月18日，刘某与王某共同出资设立上海某公司。2006年10月，上海某公司、刘某与王某共同出资设立全某公司，王某担任公司执行董事、法定代表人，刘某担任公司监事。全某公司章程约定：公司股东会由全体股东组成，是公司的权力机构，会议应对所议事项作出决议，决议应由全体股东表决通过。修改公司章程应由全体股东表决通过。该公司章程还规定了其他相关内容。2008年9月16日上海某公司监事召开临时股东会议，并通过短信、邮寄方式按法定程序向各股东进行通知，但王某未参加临时股东会，会议决定撤销王某的职务，并对公司法定代表人进行了变更及做出其他事项。故王某诉至法院要求确认临时股东会无效。

裁判观点：根据《中华人民共和国公司法》第二十二条第一款的规定，股东会议决议内容违反法律、行政法规的，决议无效。全某公司临时股东会议决议事项不违反公司法及相关法律、

行政法规的规定，临时股东会议不是无效决议。根据《中华人民共和国公司法》第二十二条第二款的规定，临时股东会议的召集程序、表决方式违反法律、行政法规或者决议内容违反公司章程的，属可撤销的决议，而非无效决议。王某答辩称公司章程规定公司所有事项均应经全体股东表决通过，自己未参加临时股东会议，故股东会的召集程序、表决方式无效的申诉及抗辩，不符合临时股东会议决议无效的理由，法院不予采信。相反，刘某作为符合公司章程规定的超过四分之一表决权的股东或者监事，均有符合该公司章程规定的召集临时股东会议资格，且按照法定程序通知临时股东会议召开的时间、地点，临时股东会议决议的内容不违反该公司章程的规定，决议内容的表决是到会股东一致表决通过，亦符合公司章程"全体股东表决通过"的规定。故王某抗辩理由不能成立，法院不予采信。另，根据公司法等相关法律的规定，公司临时股东会议属于公司内部管理范畴，法人股东的法定代表人在股东会议上代表法人股东行使表决权。经法院生效判决认定合法变更的上海某公司法定代表人虽未进行工商登记变更，但不影响其对内行使职权。故王某诉求不予支持。

分析：法院对于该约定存在两种观点。支持的观点认为，相关内容约定并未违反法律规定的最低要求，且约定事项属于意思自治范畴，应当认定有效。反对的观点认为，相关内容约定极易造成公司表决僵局，因此，应当将全体股东通过理解成全体股东参加股东会进行决议，事项的通过比例仍应遵守法律规定的最低限度，而不是必须全体通过。

《公司法》三十四条规定，股东会的议事方式和表决程序，除本法有规定的外，由公司章程规定。股东会会议作出修改公司章程、增加或者减少注册资本的决议，以及公司合并、分立、解散或者变更公司形式的决议，必须经代表三分之二以上表决权的股东通过。

笔者认为，《公司法》对一般事项的通过比例未做规定，通常章程会将一般事项通过比例约定为过半数，而对于重大事项，法律仅规定了重大事项最低通过比例。因此，章程中约定全部事项需全体股东通过并不违反法律规定，如章程中有此约定，应当认定有效。至于全体通过造成的极易公司僵局的局面，应当认定属各股东自愿承担的风险之一，不能因此来排除约定的效力。

关联法律条文：《公司法》第四十三条

第四十三条：股东会的议事方式和表决程序，除本法有规定的外，由公司章程规定。

股东会会议作出修改公司章程、增加或者减少注册资本的决议，以及公司合并、分立、解散或者变更公司形式的决议，必须经代表三分之二以上表决权的股东通过。

018　章程中能否约定股东转让股权需经
其他股东同意方可转让

结论：有限责任公司可以约定，但不得恶意阻碍股东处分财产，实践中不建议作出该约定。

分析：《公司法》第七十一条首先规定了有限责任公司股东之间内部可以转让全部或部分股权，这种情形转让时其他股东不能行使优先购买权，在股东对外转让股权时，现有股东才可以要求行使优先购买权。同时，该条款最后一项载明公司章程对转让另有规定的，从其规定。

由此可见，不论转让方是谁，如章程中约定转让股权需经其他股东同意，则应当遵守该约定，但对持反对意见的股东，应当说明不同意转让的理由，同时应当以同等条件进行购买。如存在多位股东均不同意转让，持反对意见的各股东可以按各自股权比例进行购买。一味地不同意他人转让又不自行购买的行为将严重侵害股东的自由处分财产权利。

最后，笔者认为，法律规定已经作出相对完善的解决机制，不建议股东额外对股权对外转让条件进行限制，对于优先购买权的行使期限及认定放弃优先购买权的情形，在公司章程中可做重点考虑。

关联法律条文：《公司法》第七十一条

第七十一条：有限责任公司的股东之间可以相互转让其全部或者部分股权。

股东向股东以外的人转让股权，应当经其他股东过半数同意。股东应就其股权转让事项书面通知其他股东征求同意，其他股东自接到书面通知之日起满三十日未答复的，视为同意转让。其他股东半数以上不同意转让的，不同意的股东应当购买该转让的股权；不购买的，视为同意转让。

经股东同意转让的股权，在同等条件下，其他股东有优先购买权。两个以上股东主张行使优先购买权的，协商确定各自的购买比例；协商不成的，按照转让时各自的出资比例行使优先购买权。

公司章程对股权转让另有规定的，从其规定。

019 法定代表人的任免是否有必要在章程中写明

结论：有必要，但最好是将任免与特定身份产生程序绑定。

分析：根据法律规定，担任法定代表人的可以是公司的董事长、执行董事或者经理。在有限责任公司中，部分公司仅设立执行董事，法定代表人一般由执行董事担任。

如执行董事兼任经理，这时，执行董事的产生程序与经理产生的程序一致，应对法定代表人是基于何种身份享有法定代表人待遇进行说明，避免后期二职位分开时产生不必要的麻烦。

最后，建议公司章程中法定代表人条款表述为："法定代表人由董事长（执行董事或经理）担任"，而不是表述为："法定代表人由董事长（执行董事或经理）××担任"。相信读者已经看出二者区别，前者强调的是身份，后者强调的是个体，如采用第一种方式进行表述，仅需在章程中写明相应身份的产生程序即可。

关联法律条文：《公司法》第十三条

第十三条：公司法定代表人依照公司章程的规定，由董事长、执行董事或者经理担任，并依法登记。公司法定代表人变更，应当办理变更登记。

020 仅变更法定代表人是否应视作修改公司章程，是否需要符合重大事项表决比例

结论：无需经过三分之二以上表决权通过。

经典案例：案号：（2014）新民再终字第 1 号——原告新疆某公司、张某与被告某实业公司、某房地产公司公司决议撤销纠纷一案。

案情简介：2005 年 11 月 18 日，房地产公司进行重组，实业公司、新疆公司、张某三方为公司股东。2007 年 11 月 20 日，房地产公司召开股东会选举张某某为公司法定代表人、总经理及执行董事，后股东之间产生分歧。2010 年 1 月 19 日，实业公司非法进入房地产公司搬走公司财务室的物品及账册、经营凭证、印

章及物品，并在第二天将原房地产公司的全体工作人员无故解除劳动关系。目前，施工单位无法正常开工，给房地产公司及原告造成巨大经济损失。故原告请求两被告停止侵权并承担连带赔偿责任。请求：（1）依法撤销 2010 年 3 月 25 日房地产公司做出的股东会决议；（2）判令实业公司停止侵权、返还原告管理经营房地产公司期间的财务账册、经营凭证档案、公司公章及张某个人私章，撤出其强行进驻的房地产公司办公楼；（3）判令被告赔偿原告损失 310 万元。

裁判观点：公司作为独立的市场实体，涉及众多的社会关系，担负着相应的社会责任，对于公司管理与运营中产生的内部纠纷，各股东应以公司的整体利益为先，本着协商、合作、团结的原则加以妥善处理，以期公司更好地发展。同时，公司是股东自治的产物，公司的管理与运营是公司自治的范畴，人民法院审理公司内部纠纷案件，只是对公司自治机制的补充和救济。因此，对于不违反公司法强制性规定和公司章程约定的公司管理运营事项，人民法院应当尊重公司的内部自治机制；对于违反公司法强制性规定和公司章程约定的公司管理运营事项，依法应以司法手段予以救济；对于公司股东、董事、监事和高级管理人员以及他们与公司之间产生的内部纠纷，应当坚持穷尽内部救济原则。《公司法》明文规定应当首先履行内部程序，人民法院审理相关案件时，应以满足法定条件为前提。

2009 年 9 月 9 日房地产公司修订并签署的公司章程，股东均在股东会决议上盖章签名。章程关于修改公司章程的事项规定：

股东书面一致同意可不召开股东会。《中华人民共和国公司法》第四十四条规定，股东会的议事方式和表决程序，除本法有规定的外，由公司章程规定。公司章程规定公司其余事项，必须经代表二分之一以上表决权的股东通过方可生效。公司法定代表人变更，应当办理变更登记，新的公司章程也只规定了其余事项，经代表二分之一以上表决权的股东通过生效。2010 年 3 月 25 日，房地产公司召开股东会并形成股东会决议。其中第 1 项免去张某房地产公司总经理职务、法定代表人职务，第 2 ~ 9 项所涉任免公司总经理、法定代表人及其他副总经理、部门经理职务的事项，符合新的公司章程规定，亦符合公司法的相关规定。新疆公司、张某要求撤销该部分决议的诉讼请求不能成立，不予支持。

分析：从立法本意上来说，只有对公司经营造成重大影响的事项才需要经代表三分之二以上表决权的股东通过，公司法定代表人虽然在公司章程中作为单独事项载明，但更多的是一种记载的公示，形式多于实质，且变更法定代表人时是否需要修改公司章程由工商管理机关决定。因此，仅变更法定代表人时，无需经三分之二以上通过。

当然，如果公司章程中明确约定变更法定代表人需经三分之二以上表决权通过另当别论。

我国公司法虽然规定股东会会议做出修改公司章程、增加或者减少注册资本的决议，以及合并、分立、解散或者变更公司形式的决议，必须经过代表三分之二以上表决权的股东通过，但对于法定代表人的变更，并无明确规定。

关联法律条文：《公司法》第十三条、第四十三条、第四十四条、第五十条

第十三条：公司法定代表人依照公司章程的规定，由董事长、执行董事或者经理担任，并依法登记。公司法定代表人变更，应当办理变更登记。

第四十三条：股东会的议事方式和表决程序，除本法有规定的外，由公司章程规定。

股东会会议作出修改公司章程、增加或者减少注册资本的决议，以及公司合并、分立、解散或者变更公司形式的决议，必须经代表三分之二以上表决权的股东通过。

第四十四条：有限责任公司设董事会，其成员为三人至十三人；但是，本法第五十条另有规定的除外。

两个以上的国有企业或者两个以上的其他国有投资主体投资设立的有限责任公司，其董事会成员中应当有公司职工代表；其他有限责任公司董事会成员中可以有公司职工代表。董事会中的职工代表由公司职工通过职工代表大会、职工大会或者其他形式民主选举产生。

董事会设董事长一人，可以设副董事长。董事长、副董事长的产生办法由公司章程规定。

第五十条：股东人数较少或者规模较小的有限责任公司，可以设一名执行董事，不设董事会。执行董事可以兼任公司经理。

执行董事的职权由公司章程规定。

021   如何保障股东知情权

结论： 在公司章程中约定行使股东知情权的方式、时间、地点，同时赋予股东单方审计权。

经典案例： 案号：（2016）苏民终 620 号——郁某与南京某公司股东知情权纠纷一案。

案情简介： 南京某公司成立于 2001 年 9 月 15 日，注册资本 350 万美元。截至 2015 年，该公司股东持股情况为：美国某公司 245 万美元，郁某 105 万美元。郁某占有南京某公司 30% 股权，但郁某从未在南京某公司分过红利。南京某公司自设立以来，至今已 14 年有余，期间绝大多数董事会议和股东会议并未通知郁某参加。公司目前的经营状况，郁某亦不可得知，股东权利如同虚设。2015 年 6 月，郁某为知晓南京某公司成立至今的经营情况，曾到南京某公司主张行使股东知情权，但被南京某公司予以拒绝。故郁某通过律师致函南京某公司要求行使股东知情权，了解公司经营情况，但郁某一直未得到南京某公司的回复，故向法院提起诉讼，要求：（1）南京某公司提供自 2001 年 9 月至今的南京某公司章程（包括章程修正案）、股东会会议记录、董事会会议决议、监事会会议决议和财务会计报告，供郁某进行查阅和复制，郁某委托的注册会计师可以予以协助；（2）南京某公司提供自 2001 年 9 月至今的公司会计账簿（包括总账、明细账、日记账、原始凭证和记账凭证）供郁某查阅，郁某委托的注册会计师可以予以协助；（3）诉讼费用由南京某公司负担。

裁判观点：一审法院认为，《中华人民共和国公司法》第三十三条第二款赋予了股东查阅公司账簿的权利，同时对股东行使账簿查阅权的前提作出了限制性规定。其一，股东应当向公司提出书面请求，并说明查阅目的；其二，当公司有合理根据认为股东查阅会计账簿有不正当目的，可能损害公司合法利益的，可以拒绝提供查阅，并于法律规定的时间内书面答复股东。除此之外，法律并未对股东查阅公司账簿作出其他限制。本案中，南京某公司并未主张公司章程或其与郁某之间对股东委托第三人代为查阅会计账簿达成禁止性约定，且未能举证证明郁某委托第三人查阅有可能损害公司合法利益。鉴于财务会计报告、会计账簿及会计凭证等资料具有一定的专业性、复杂性，应当允许专业人士予以协助。故对于郁某主张的两项诉讼请求，一审法院均准予其委托注册会计师予以协助。故一审法院支持了郁某的全部诉求。南京某公司不服一审判决上诉至江苏省高级人民法院，但因上诉人证据不足，上诉请求依法被驳回。

裁判观点：法院认为，股东有权查阅会计账簿和原始凭证，但因会计账簿不属于《公司法》第三十三条规定内容，故无权复制。该观点在《中华人民共和国公司法司法解释（四）》出台后有所改变，认定股东可以查阅、复印特定材料，且必要时，股东可以委托具有专业技能人员协助行使股东知情权。

分析： 股东知情权被侵害一般发生在小股东或非控股股东身上，控股股东在实际经营期间，掌握着公司经营的第一手资料，小股东或非控股股东无法获知公司的真实经营状况，有可能自身应得权益被侵害。

为避免上述情况的情形，可以在公司章程中，就公司知情权的内容进行详细约定。比如，每年股东知情权行使的期间、方式、地点、可以哪些人协助、公司需要提供什么材料、出现疑问如何处理以及出现什么情况时可以在约定时间外另行查阅等，以具有可操作性的表述保障股东权益。

另外，针对查阅期间能否复印问题，可以约定查阅期间复印的原始凭证，经公司盖章对真实性予以确认，以便后期股东之间对进行账目结算，或在公司章程中约定每年对公司账目进行审计，并将审计结果抄送至各股东。

关联法律条文： 《公司法》第三十三条；《中华人民共和国公司法解释（四）》第九条、第十条、第十一条

《公司法》

第三十三条： 股东有权查阅、复制公司章程、股东会会议记录、董事会会议决议、监事会会议决议和财务会计报告。股东可以要求查阅公司会计账簿。股东要求查阅公司会计账簿的，应当向公司提出书面请求，说明目的。公司有合理根据认为股东查阅会计账簿有不正当目的，可能损害公司合法利益的，可以拒绝提供查阅，并应当自股东提出书面请求之日起十五日内书面答复股

东并说明理由。公司拒绝提供查阅的，股东可以请求人民法院要求公司提供查阅。

《中华人民共和国公司法司法解释（四）》

第九条： 公司章程、股东之间的协议等实质性剥夺股东依据公司法第三十三条、第九十七条规定查阅或者复制公司文件材料的权利，公司以此为由拒绝股东查阅或者复制的，人民法院不予支持。

第十条： 人民法院审理股东请求查阅或者复制公司特定文件材料的案件，对原告诉讼请求予以支持的，应当在判决中明确查阅或者复制公司特定文件材料的时间、地点和特定文件材料的名录。

股东依据人民法院生效判决查阅公司文件材料的，在该股东在场的情况下，可以由会计师、律师等依法或者依据执业行为规范负有保密义务的中介机构执业人员辅助进行。

第十一条： 股东行使知情权后泄露公司商业秘密导致公司合法利益受到损害，公司请求该股东赔偿相关损失的，人民法院应当予以支持。

根据本规定第十条辅助股东查阅公司文件材料的会计师、律师等泄露公司商业秘密导致公司合法利益受到损害，公司请求其赔偿相关损失的，人民法院应当予以支持。

022　章程中公司注册资本如何确定

结论：根据业务范围进行确定，不可过低，否则可能被认定为注册资本显著不足。

经典案例：案号：（2016）苏 07 民终 2694 号——董某与何某、房某及某货运公司运输合同纠纷一案。

案情简介：何某与房某系夫妻关系。货运公司性质是有限责任公司，何某任该公司的法定代表人，是该公司股东之一，货运公司注册资本 30000 元，验资报告显示已出资到位。2013 年初，董某与何某达成运输协议，由董某组织车辆为何某及其作为法定代表人的货运公司运输货物，由何某负责结算运费。董某以何某、房某、货运公司尚欠其运费 878435 元，起诉至法院。

何某抗辩称，其已付清董某运费但未提供充分证据予以证明。在其提供的银行付款记录流水单中，支付给其他客户的款项计算在了支付给董某的款项中。董某称，涉案运费涉及的业务都是何某个人与其交涉的。已支付的运费都是何某办理的，转账方式付款都是何某用自己的银行卡或者用房某的银行卡支付到董某个人的银行卡上。

一审裁判观点：关于何某、房某作为被告的诉讼主体是否适格的问题，董某对货运公司提供的证据《货运代理计划表》中记录其运输趟数没有异议，说明其认可货运公司与其发生涉案运输业务，涉案争议运费，货运公司应与董某进行结算并承担支付义务。何某虽是货运公司的法定代表人，同时其用自己的个人银行卡向董某支付运费，但其也是货运公司的股东之一，其个人不应当对货运公司的债务承担给付义务，董某将何某作为被告主体提起诉讼，要求其对货运公司所欠董某的运费承担连带给付责任，没有关联法律条文，原审法院依法不予支持。房某与何某系夫妻关系，涉案债务不属于何某与房某夫妻共同债务，董某要求房某对涉案债务承担连带给付责任，没有法律依据，原审法院依法不予支持。判决货运公司支付董某运费人民币 687370 元及利息，驳回董某对何某、房某的诉讼请求。

二审裁判观点：根据《中华人民共和国合同法》第二十条规定："公司股东应当遵守法律、行政法规和公司章程，依法行使股东权利，不得滥用股东权利损害公司或者其他股东利益；不得滥用公司法人独立地位和股东有限责任损害公司债权人的利益。……公司股东滥用公司法人独立地位和股东有限责任，逃避债务，严重损害公司债权人利益的，应当对公司债务承担连带责任。"本案中，上诉人董某提供的证据能够证明，何某作为货运公司的股东，其以个人账户支付董某运输款，亦以个人账户接收案外人吴某支付给货运公司的运输款，故股东何某与货运公司存有主体与财产混同的可能。基于上述事实，本院向货运公司予以释明并通知其提供案涉业务发生期间的公司财务账目。货运公司在举证限期内仅提供了一本现金日记账，无法反映公司账务往来情况。因货运公司未能提供案涉运输业务发生期间的公司财务账目，其应承担不利的后果。综上，本院认定，货运公司的财产与何某的财产不能清晰区分，构成财产混同。同时，货运公司注册资本仅 30000 元，而案涉所欠运输费即 687370 元，其公司资本明显与公司经营所可能产生的风险不相当，且在庭审中货运公司亦自认经营困难，无力偿债。依据上述法律规定，货运公司的股东何某与货运公司财产混同，何某滥用公司法人独立地位和股东有限责任，损害了其债权人董某的利益，其应当对货运公司的债务承担连带责任。

分析：在公司经营过程中，特别是有限责任公司经营中，因股东责任范围以认缴出资额为限，如股东恶意降低注册资本金，将来发生纠纷，债权人即使获得胜诉也无法获得实际补偿，相当于间接的将经营风险转嫁给债权人，这种行为属于滥用公司法人身份。公司股东应当遵守法律、行政法规和公司章程，依法行使股东权利，不得滥用股东权利损害公司或者其他股东利益；不得滥用公司法人独立地位和股东有限责任损害公司债权人的利益。公司股东滥用公司法人独立地位和股东有限责任，逃避债务，严重损害公司债权人利益的，应当对公司债务承担连带责任。

关联法律条文：《公司法》第二十条

第二十条：公司股东应当遵守法律、行政法规和公司章程，依法行使股东权利，不得滥用股东权利损害公司或者其他股东的利益；不得滥用公司法人独立地位和股东有限责任损害公司债权人的利益。

公司股东滥用股东权利给公司或者其他股东造成损失的，应当依法承担赔偿责任。

公司股东滥用公司法人独立地位和股东有限责任，逃避债务，严重损害公司债权人利益的，应当对公司债务承担连带责任。

023　能否在章程中缩短股东行使优先购买权的时间

结论：不可以。

分析：有限责任公司偏向于人合性，各股东之间一般具有一定的熟识基础，这也是股东之间愿意共同经营的基础，因此，在股东发生变动的时候，退出的股东不能只考虑自己的自由，还需要考虑坚持的股东能否与新加入股东和平相处，故法律在不侵害退出股东实质性权利的基础上，赋予现有股东优先购买权。

但如果允许股东在章程中任意缩短优先购买权的行使时间，则可能出现当日或三日进行表决的情况，无法给予现有股东的充分思考时间，达不到维护公司正常运转的立法目的，因此，即使章程中约定行使有限购买权的时间短于 30 日，也应以 30 日作为期限。

关联法律条文：《中华人民共和国公司法司法解释（四）》第十九条

第十九条：有限责任公司的股东主张优先购买转让股权的，应当在收到通知后，在公司章程规定的行使期间内提出购买请

求。公司章程没有规定行使期间或者规定不明确的，以通知确定的期间为准，通知确定的期间短于三十日或者未明确行使期间的，行使期间为三十日。

024 能否在章程中缩短召开股东会的通知时间

结论：股份有限公司不可以，有限责任公司可以，但不建议缩至过短。

经典案例：案号：（2019）陕 0822 民初 609 号——原告王某与被告某商贸公司、第三人苏某请求变更公司登记纠纷一案。

案情简介：被告公司成立于 2007 年 8 月 29 日，有三名自然人股东，王某、孙某、杨某，杨某担任法定代表人，后变更为第三人苏某。第三人自担任法定代表人以来一直不履行其职责，不向股东公开公司财务，某商贸公司位于某大厦民居，如不对公用设施进行维修，必将给居民造成严重损失。但苏某作为公司法定代表人却不履行职责，不履行物业管理职责，已经导致发生顶层居民房屋漏水严重不能及时维修和电线老化着火事件。为了使公司管理走上正轨，原告与孙某提议召开股东会，并于×年×月×日向杨某及第三人苏某发出《关于提议召开某商贸公司临时股东会的通知》，通知杨某与第三人苏某于×年×月×日上午×时召开临时股东会。杨某及第三人苏某均未参加临时股东会。×年×月×日上午×时，某商贸公司召开临时股东会，形成决议："（1）免去苏某执行董事和总经理职务，苏某不再担任公司法定代表人；（2）选举王某担任公司执行董事兼总经理，并担任公司法定代表人，本届任期3年……"股东会决议经代表公司三分之二表决权的股东通过，合法有效。决议形成后，原告通知被告及第三人配合办理法定代表人变更登记，但被告和第三人拒不配合。故原告诉之法院，请求：判决确认×年×月×日临时股东会表决通过的《某商贸公司临时股东会决议》有效，由被告某商贸公司、第三人苏某共同配合原告王某向登记机关办理法定代表人变更登记事项，将法定代表人由第三人苏某变更为原告王某，并向原告交付公司印章和营业执照正副本。

裁判观点：本案争议的焦点在于：临时股东会决议是否有效。如决议有效，则应当办理法定代表人变更登记；如决议无效，则无需办理法定代表人变更登记。

苏某从×年×月×日起担任商贸公司执行董事兼法定代表人至今，未召集一次定期股东会，未提名公司经理人选，足以认定法定代表人不履行职责，股东会解除其执行董事职务，并免去法定代表人职务的行为并未违反商贸公司章程第二十条"在任期内股东会不得无故解除执行董事职务"的规定。基于本次临时股东会召集主体、召集程序、表决程序均符合法律和章程规定，股东会决议内容符合法律和公司章程的规定，股东会所形成的决议合法有效，原告王某请求确认临时股东会决议的诉讼请求应予支持。

合法有效的股东会决议应当执行，故被告商贸公司、第三人苏×应当配合原告王某办理法定代表人变更登记。

关于原告请求被告商贸公司及第三人返还公司印章和营业执照的诉讼请求，因法定代表人是营业执照登记事项，变更法定代表人应当换发营业执照正副本，换发营业执照需向公司登记机关交回原营业执照，故营业执照正副本应在办理变更法定代表人登记时交回登记机关，无需向原告返还。公司印章应当交由公司管理，变更公司法定代表人时，原法定代表人应当向公司新法定代表人移交包括印章在内的公司财产和业务资料，故原告请求返还公司印章的诉讼请求应予支持。

分析： 根据《公司法》的规定，股份有限公司召开股东大会应当提前 20 日、召开临时股东大会的应当提前 15 日通知。这一规定是法律对于召集股东大会通知时间的最低要求。股份有限公司的股东可以在公司章程中将通知时间进行适当的延长。但是不得缩短通知时间，低于法律规定通知时间将导致股东会程序瑕疵。

但对于有限责任公司，法律赋予公司章程中另行规定的权利。实践中，一般公司适用的都是工商登记模板即提前 15 日进行通知，临时股东会提前 10 日进行通知，这一期限一般来说虽然合理，但操作起来并不顺利。

公司出现需要表决事项时，一般实际控制人会以通知的方式告知其他股东，但并不会下发正式的临时股东会召开通知，期间经过多次协商，各股东达成确定意见，这时再要求提前 15 日或

10日通知召开股东会，显示出股东会的滞后性。而在股东中存在反对意见时，书面的股东会决议又很必要，因此，股东根据办事风格，调整公司章程很有必要。

关联法律条文：《公司法》第四十一条、第一百零二条

第四十一条：召开股东会会议，应当于会议召开十五日前通知全体股东；但是，公司章程另有规定或者全体股东另有约定的除外。

股东会应当对所议事项的决定作成会议记录，出席会议的股东应当在会议记录上签名。

第一百零二条：召开股东大会会议，应当将会议召开的时间、地点和审议的事项于会议召开二十日前通知各股东；临时股东大会应当于会议召开十五日前通知各股东；发行无记名股票的，应当于会议召开三十日前公告会议召开的时间、地点和审议事项。

单独或者合计持有公司百分之三以上股份的股东，可以在股东大会召开十日前提出临时提案并书面提交董事会；董事会应当在收到提案后二日内通知其他股东，并将该临时提案提交股东大会审议。临时提案的内容应当属于股东大会职权范围，并有明确议题和具体决议事项。

股东大会不得对前两款通知中未列明的事项作出决议。

无记名股票持有人出席股东大会会议的，应当于会议召开五日前至股东大会闭会时将股票交存于公司。

025 能否在章程中约定以短信、微信、口头形式通知召开股东会

结论：可以。

分析：《公司法》四十一条仅规定应当于会议召开 15 日前通知全体股东；但是，公司章程另有规定或者全体股东另有约定的除外。

对于通知方式，法律并未作出任何限定，但从实践规避风险的角度上来说，通知应当以方便保留痕迹的方式进行，如短信、邮件。当然，对于有限责任公司，尤其规模较小的，可以灵活采取口头、电话、邮件等方式，不必拘泥于必须书面通知，但必须在公司章程中作出规定，避免后期股东以未收到股东会通知，股东会决议存在程序瑕疵为由主张撤销股东会的结果。

关联法律条文：法律无直接规定。

026 能否在章程中约定股东会以视频或工作群的方式进行

结论：可以，但仍需形成书面的股东会决议，且股东需在会议记录上签字。

分析：根据《公司法》第四十一条第二款规定，股东会应当对所议事项的决定做成会议记录，出席会议的股东应当在会议记录上签名。在这里，未区分定期股东会及临时股东会亦未规定会议必须由各股东当面召开，因此，应当认定股东会如召开，只要能形成书面会议记录，且各股东能在会议记录上签字确认即符合法律规定。

除此之外，《公司法》第三十七条规定，对前款所列事项股东以书面形式一致表示同意的，可以不召开股东会会议，直接作出决定，并由全体股东在决定文件上签名、盖章。该条款可以说已经很大限度地简化了股东会程序、节省了股东时间，如各股东对表决事项均表示表示认可，各自以书面方式认可事项，即可免除开会的必要。

因此，即使能在章程中约定以其他方式召开股东会，除公司规模特别小之外，笔者不建议如此约定，一是仍需形成书面会议纪要，二是事后容易忘记签署决议造成程序瑕疵。

关联法律条文：《公司法》第三十七条、第四十一条

第三十七条：股东会行使下列职权：

（一）决定公司的经营方针和投资计划；

（二）选举和更换由职工代表担任的董事、监事，决定有关董事、监事的报酬事项；

（三）审议批准董事会的报告；

（四）审议批准监事会或者监事的报告；

（五）审议批准公司的年度财务预算方案、决算方案；

（六）审议批准公司的利润分配方案和弥补亏损方案；

（七）对公司增加或者减少注册资本作出决议；

（八）对发行公司债券作出决议；

（九）对公司合并、分立、解散、清算或者变更公司形式作出决议；

（十）修改公司章程；

（十一）公司章程规定的其他职权。

对前款所列事项股东以书面形式一致表示同意的，可以不召开股东会会议，直接作出决定，并由全体股东在决定文件上签名、盖章。

第四十一条：召开股东会会议，应当于会议召开十五日前通知全体股东；但是，公司章程另有规定或者全体股东另有约定的除外。

股东会应当对所议事项的决定作成会议记录，出席会议的股东应当在会议记录上签名。

027 能否在章程中写明股东拒不参加股东会视作同意待决议事项

结论： 可以。

分析： 参加股东会是股东的身份权利，对股东会决议事项进行表决是股东参与公司经营的直接方式，一般章程中会写明股东如无法参加股东会，可以委托他人进行表决，所以，当股东拒不参加股东会时，可以认定股东个人放弃了其作为股东的表决权利。

《公司法》第四十三条规定，股东会的议事方式和表决程序，除本法有规定的外，由公司章程规定。可见对于有限责任公司的议事方式，股东之间可以自行约定，只要最终的表决权比例能达到法律规定的比例即可。

公司章程作为股东之间意思自治的规范，完全可以在章程中约定，对于股东拒绝参加股东会时，视作股东同意待决议事项。但实践中，考虑到工商机关可能不同意作出如此的章程规定，各股东可在发起人协议或新股东加入时，签署类似协议，避免因股东拒绝参加股东会导致无法作出有效决议的情形。

关联法律条文：《公司法》第四十三条

第四十三条：股东会的议事方式和表决程序，除本法有规定的外，由公司章程规定。

股东会会议作出修改公司章程、增加或者减少注册资本的决议，以及公司合并、分立、解散或者变更公司形式的决议，必须经代表三分之二以上表决权的股东通过。

028　能否在章程中写明股东参加股东会拒不签字如何处理

结论：可以，但不得作出取消股东身份或类似程度的约定。

经典案例：案号：（2019）鲁1311民初2527号——原告王某与被告某检测公司、第三人王某、陈某与公司有关权益纠纷一案。

案情简介：2017年8月28日，因某检测公司原住址涉及拆迁，为维持公司正常经营运转，原告通过法定程序召集召开股东会议，并形成股东会决议，会议决议内容为："会议第一条：对现经营住所地变更；会议第二条：公司章程第九条增加一项：（五）股东应有维护公司利益的义务等"。陈某、王某参加股东会，但是在会议决议作出后，办理公司工商登记的过程中，拒不进行签字，导致公司至今无法办理经营场所变更及备案手续。原告认为，公司股东会是公司的最高权力机关，其形成的决议对公司股东人员具有法律效力，履行股东会决议是相关人员的法定义务。决议形成后在办理住所地变更过程中，陈某、王某拒绝履行公司章程约定的义务，虽到场参加会议，但在会议纪要上既不签字也不协助公司办理工商变更登记，陈某、王某的行为严重损害原告及公司利益，导致公司陷入僵局，致使公司无法正常经营，根据《公司法》的相关规定，为此诉至法院。

裁判观点：一、法人是法律拟制人，具有独立的财产和人格，公司住所地是设立公司必须具备的条件之一，本案中因原告与第三人之间股东利益纠纷，已经影响到被告作为法人的存亡。基于《公司法》所具有的部分公法性质，在股东因各方利益产生矛盾影响公司法人是否能继续存续的情况下，不仅考虑当事人之间合意，还应考虑当事人的行为对社会经济环境、经济管理秩序的影响。本案的争议焦点为 2017 年 8 月 28 日形成的股东会决议是否符合《公司法》及《公司章程》的规定。本院认为，被告股东以合法程序按出资比例行使表决权并据此作出的决议应当有效，对被告及股东具有约束力。原告作为被告的法定代表人召开股东会的程序符合《公司法》的规定，也不违反该公司的章程；且各方当事人均未在决议作出之日起 60 日内对该决议提起撤销之诉，应视为对其权利的放弃。因此被告于 2017 年 8 月 28 日形成的股东会决议中变更被告住所地为临沂市××新区××与广场路交汇西南处的决议内容有效，被告应按照决议内容及时办理相关变更登记手续，第三人负有协助义务，原告诉讼请求依法应予以支持。

分析：股东参加股东会，并对股东会决议事项作出表决系股东的权利之一，在股东会决议上签字是行使股东权利的表现形式，但因表决权的行使与公司经营决策直接挂钩，所以，公司章程可以就股东怠于行使权利对公司造成的影响进行约定，如股东拒绝签字时，视为股东认可待表决事项，当然，股东拒绝签字一般发生于股东反对决议事项期间。

但如因股东放弃权利的行为导致股东丧失股东身份，显然对股东过于苛刻，即部分权利的放弃不应导致全部权利的丧失，因此，章程可以约定股东据不签字的后果，但应该仅围绕不签字对表决事项造成的影响进行，而不能以此为由限制股东的其他权利。

关联法律条文：法律无直接规定。

029　能否在章程中约定股东强制清退条款

结论：有限责任公司可以。

经典案例：（2016）苏 01 民终 1070 号——原告戴某与某石化公司与公司有关的纠纷一案。

案情简介：戴某原为某石化公司职工。2007 年根据国家政策对国有大中型企业主辅分离、辅业改制分流安置富余人员的有关政策，戴某将与其他改制人员共同以获得的某石化公司的资产出资设立某信息公司，并与某信息公司签订新的劳动合同。同年 7 月 6 日，戴某与某石化公司签订资产转让协议，约定戴某将其获得的某石化公司资产作为补偿补助，并全部置换为改制企业即某信息公司的股权，自某信息公司注册登记之日起，戴某与某石化公司终止劳动合同，某信息公司设立后，应与戴某签订三年期的劳动合同。根据改制方案，戴某将补偿补助金 114003.01 元净资产全部置换为改制企业的股权。某信息公司自 2007 年 7 月 31 日成立，对戴某的出资进行登记并给付出资证明，戴某持有某信息公司 128319.77 股，出资额为 128319.77 元。某信息公司成立后，也定期对戴某进行分红，但自 2013 年戴某退休后，再没有享有股东分红，对公司的财务账册没有了解。戴某认为，作为某信息公司的股东应享有合法的股东权益，故诉讼要求：（1）某信息公司给予戴某查阅公司账册，查阅账册时间自 2013 年 1 月至 2015 年 6 月的账册；（2）判令某信息公司支付 2013 年 12 月至 2014 年 11 月期间戴某应得的股东分红。

裁判观点：戴某与曹某签订的股权代理协议是双方的真实意思表示，符合法律规定，为有效协议，原审法院予以确认。因此，对戴某将其在某信息公司名下的股权登记在曹某名下并由曹某代为行使有关股东权利的效力，以及戴某在某信息公司设立之初具有该公司实际出资人的资格，原审法院予以确认。股东可以要求查阅公司会计账簿，公司拒绝提供查阅的，股东可以请求人民法院要求公司提供查阅。戴某虽为某信息公司的实际出资人，但其股权由名义股东曹某代为行使，戴某本人无权直接向某信息公司提出查阅会计账簿、要求分红等股东权利，而应由曹某代为向某信息公司提起相关股东权利。另，戴某已于 2013 年 11 月 30 日与某信息公司解除劳动合同关系（因退休）并办理了退休手续，根据《某信息公司章程》和《公司股权管理办法》的相关规定，在戴某退休时，其全部出资按公司上一年末财务报表中的所有者权益进行计算，按公司章程办理转让手续。也即戴某退休后

应按公司章程及股权管理办法规定将其股权转让给某信息公司，其不再具有公司实际出资人的资格。在此情形下，戴某亦无权行使相关股东权利，法院依法驳回戴某诉讼请求。

分析：章程系通过股东会议决议通过，其不仅约束对该章程投赞成票的股东，亦同时约束对该章程投弃权票或反对票的股东。反之，如公司依照法定程序通过的章程只约束投赞成票的股东而不能约束投反对票的股东，既违背了股东平等原则，也动摇了资本多数决的公司法基本原则……

约定强制清退条款的意义在于，处置股权是股东的意向基本权利，公司法赋予有限责任公司章程对股权转让可以自行约定的权利，为的就是能综合保护财产权与意思自治，现有裁判观点对此类条款效力态度不一，所以，更需要在章程中巧妙设计。

所以，可以约定股东的民事行为能力出现变动无法参与公司经营时或员工股东离开或股东被采取强制措施时，可以强制股东退出，避免因上述原因造成公司僵局的出现。

笔者曾接待一个咨询，大股东担任法定代表人，后遭遇车祸在治疗期间因无任何意识无法委托代理人，造成公司无法形成有效决议，公司损失很多交易机会。如各股东在章程中约定丧失民事行为能力超过 2 个月，其他股东有权按照各自持股比例回购该股东股权，则在治疗期间，能为公司及时止损，避免因一人而影响一法人及一群自然人。

关联法律条文：《公司法》第七十一条

第七十一条：有限责任公司的股东之间可以相互转让其全部

或者部分股权。

股东向股东以外的人转让股权，应当经其他股东过半数同意。股东应就其股权转让事项书面通知其他股东征求同意，其他股东自接到书面通知之日起满三十日未答复的，视为同意转让。其他股东半数以上不同意转让的，不同意的股东应当购买该转让的股权；不购买的，视为同意转让。

经股东同意转让的股权，在同等条件下，其他股东有优先购买权。两个以上股东主张行使优先购买权的，协商确定各自的购买比例；协商不成的，按照转让时各自的出资比例行使优先购买权。

公司章程对股权转让另有规定的，从其规定。

030　能否在章程中约定由董事会对公司章程进行修改

结论：不可以，但股东会可将特定事项修改章程的权利授予董事会。

经典案例：案号：（2016）京 01 民终 4160 号——原告吴某与北京某公司公司决议撤销纠纷一案。

案情简介：2013 年 3 月 4 日，吴某与北京某公司签订了 1 年期劳动合同。吴某在公司处任销售总监职位，年薪 25 万元（其中基本工资 15 万元，绩效工资 10 万元）。2013 年，公司应向吴

某发 10 万元绩效工资，吴某与公司协商一致，吴某获得购买公司限制性股票资格，限制性股票价格为市场价格的二分之一，10 万元绩效工资不再发放。2014 年，吴某收到公司限制性股票授予通知书，同时双方签订了公司首期股权激励计划之授予限制性股票协议书（以下简称授予股票协议书）。据此，吴某购买了 2 万股限制性股票，成为公司的股东。2014 年下半年，公司以市场效益不好、机构重组或员工销售业绩不佳等原因进行裁员。无奈之下，吴某于 2014 年 9 月 23 日提交离职申请，但鉴于吴某与公司之间签订有授予股票协议书，提出离职的前提必须变更授予股票协议书，并支付吴某为项目垫付的费用和交通费、通讯费等福利费，但公司予以拒绝。公司董事会通过了关于回购注销部分已不符合激励条件的激励对象已获授但尚未解锁的限制性股票的议案（以下简称回购注销议案），以吴某离职不符合激励条件，强行回购注销吴某的股票。吴某认为，公司的上述议案内容违反了该公司章程的规定内容。根据该公司章程的规定，股票回购和注销属于股东会的职权，而非董事会的职权。现吴某依法向人民法院提起诉讼，要求判决撤销公司董事会通过的回购注销议案。

裁判观点：根据我国《公司法》相关规定，董事会的会议召集程序、表决方式违反法律、行政法规或者公司章程，或者决议内容违反公司章程的，股东可以自决议作出之日起 60 日内，请求人民法院撤销。

本案关于回购注销议案之内容是否违反公司章程的问题。本案中，从回购注销议案的主要记载内容来看，根据公司董事会的该项议案，吴某基于限制性股票激励计划所获授的公司股票，被该公司予以强制回购，且该公司以自有资金向吴某支付相应回购价款。与此同时，公司之股本总额亦因上述股票回购的发生而相应减少。根据公司章程规定，股东会有权审议股权激励计划，且不得以授权方式通过董事会代为行使。股东大会有权对公司增加或减少注册资本做出决议，且不得以授权方式通过董事会代为行使。在经公司股东大会决议后，公司方可在减少公司注册资本等四类情形下收购该公司股份，否则公司不得买卖本公司股份。法院认为，本案中，公司董事会形成回购注销议案的直接依据之一，应系该公司股东大会所审议通过之限制性股票激励计划中有关激励对象不符合激励条件后，应回购注销其获授股票的规定内容，这实际系董事会履行其执行机关职责的直接体现，并由此在事实上产生收购本公司股票的效果。然而，根据公司的章程，限制性股票激励计划所规定的上述内容，却并未被明确列为公司能够买卖本公司股份的情形，故两者之间似乎有所冲突。然而，法院认为，如上所述，公司董事会虽决议回购注销本公司股票，但该行为究竟会产生公司法上的何种法律效果实际并未最终得以确定。同时，从公司章程明确规定的允许买卖本公司股份的四类情形来看，其均应属由该公司股东大会进行表决的范围，董事会的行为亦应由股东大会进行最终确认。换言之，公司董事会实施回购注销议案后，如果该公司股东大会针对回购注销的法律后果作出决议，且该决议内容与章程之规定情形相符，则公司回购注销本公司股票的行为，并不当然会与该公司章程的内容相违背。因此，法院认为，在本案目前并无证据显示公司股东大会针对回购注销本公司股票的事实，是否形成有减资决议或者其他内容决议的情况下，仅凭本案目前现有之证据，尚不足以当然认定回购注销议案具有违反公司章程的情形。结合以上各方面内容，吴某在本案中的诉讼请求，缺乏必要的事实与法律依据，故法院不予支持。综上，法院依照《中华人民共和国公司法》第二十二条第二款之规定，《中华人民共和国民事诉讼法》第六十四条第一款之规定，判决驳回吴某的诉讼请求。

分析：股东会的权利已由法律明确规定，特别是需经三分之二以上表决权通过的事项，更不能转移给董事会，因此，对于修改公司章程、增加或者减少注册资本的决议以及公司合并、分立、解散的决议，不能直接交由董事会行使，否则可能会被认定为无效。对于一般事项，如无特定事项，董事会仅为执行股东会的决议。此时笔者认为，董事会可以修改，但为避免引起不必要的争议，原则上不建议由董事会对公司章程进行任何修改。

关联法律条文：《公司法》第三十七条、第四十三条

第三十七条：股东会行使下列职权：

（一）决定公司的经营方针和投资计划；

（二）选举和更换非由职工代表担任的董事、监事，决定有关董事、监事的报酬事项；

（三）审议批准董事会的报告；

（四）审议批准监事会或者监事的报告；

（五）审议批准公司的年度财务预算方案、决算方案；

（六）审议批准公司的利润分配方案和弥补亏损方案；

（七）对公司增加或者减少注册资本作出决议；

（八）对发行公司债券作出决议；

（九）对公司合并、分立、解散、清算或者变更公司形式作出决议；

（十）修改公司章程；

（十一）公司章程规定的其他职权。

对前款所列事项股东以书面形式一致表示同意的，可以不召开股东会会议，直接作出决定，并由全体股东在决定文件上签名、盖章。

第四十三条：股东会的议事方式和表决程序，除本法有规定的外，由公司章程规定。

股东会会议作出修改公司章程、增加或者减少注册资本的决议，以及公司合并、分立、解散或者变更公司形式的决议，必须经代表三分之二以上表决权的股东通过。

031　能否在章程中约定可对股东进行罚款

结论：公司章程可以约定对股东的罚款，但对罚款的标准应当明确。

经典案例：南京某顾问公司诉股东会决议反馈纠纷一审案——《最高人民法院公报》2012 年第 10 期。

裁判观点：公司章程中关于股东会对股东处以罚款的规定，系公司全体股东所预设的对违反公司章程股东的一种制裁措施，符合公司的整体利益，不违反《公司法》的禁止性规定，应合法有效。但公司章程在赋予股东会对股东处以罚款的职权时，应明确规定罚款的标准、幅度，股东会在没有明确标准、幅度的情况下处罚股东，属法律依据不足，相应决议无效。

分析：股东会系公司权力机构，股东会作出的决议，对公司具有约束力，股东与公司之间属于特殊的平等主体之间的民事法律关系。为了维护公司利益，股东在设立公司时，一致同意为维护公司的合法权益，对股东行为进行约束，应当认定该约定有效。结合《行政处罚法》的规定，如果对违法事项进行处罚，对违法事项、法律规定进行公布。

如章程中仅约定可对股东进行处罚，则极易造成控股股东肆意的对小股东进行处罚，进而使公司成为大股东敲诈小股东的工具，增大股东之间矛盾。鉴于此，章程中应写明能够对股东进行处罚的事由、处罚的标准，如此，章程中的处罚约定才是真正为公司利益考虑，对全体股东均具有约束力。

关联法律条文：《公司法》第十条、第二十条、第三十七条

第十条：公司以其主要办事机构所在地为住所。

第二十条：公司股东应当遵守法律、行政法规和公司章程，依法行使股东权利，不得滥用股东权利损害公司或者其他股东的

利益；不得滥用公司法人独立地位和股东有限责任损害公司债权人的利益。公司股东滥用股东权利给公司或者其他股东造成损失的，应当依法承担赔偿责任。

公司股东滥用公司法人独立地位和股东有限责任，逃避债务，严重损害公司债权人利益的，应当对公司债务承担连带责任。

第三十七条：股东会行使下列职权：

（一）决定公司的经营方针和投资计划；

（二）选举和更换非由职工代表担任的董事、监事，决定有关董事、监事的报酬事项；

（三）审议批准董事会的报告；

（四）审议批准监事会或者监事的报告；

（五）审议批准公司的年度财务预算方案、决算方案；

（六）审议批准公司的利润分配方案和弥补亏损方案；

（七）对公司增加或者减少注册资本作出决议；

（八）对发行公司债券作出决议；

（九）对公司合并、分立、解散、清算或者变更公司形式作出决议；

（十）修改公司章程；

（十一）公司章程规定的其他职权。

对前款所列事项股东以书面形式一致表示同意的，可以不召开股东会会议，直接作出决定，并由全体股东在决定文件上签名、盖章。

032　章程中应如何规定高级管理人员的勤勉义务

结论：公司章程应对高级管理人员的勤勉义务进行详细规定。

分析：公司章程通过对公司高级管理人员未尽勤勉义务的情形进行规定，督促高级管理人员谨慎、尽责履行公司职务，笔者通过整理，认为应将以下情形作为高级管理人员违反勤勉义务的情形：

1. 拒绝执行公司股东会、董事会所作决议；

2. 高级管理人员拒绝股东会要求其出席股东会并接受质询的；

3. 违反岗位职责，泄露公司商业秘密；

4. 违反岗位职责，导致公司遭受重大损失或错失重大商业机会；

5. 其他违反岗位职责，对公司造成损害的情形。

因此，在设计公司章程时，建议将公司股东另行制定公司高级管理人员工作规则，并根据不同岗位进行有针对性的制度安排。除此之外，建议公司在与高级管理人员签订合同及制定公司员工手册时，明确约定如高级管理人员违反了忠实义务及勤勉义务，公司有权与其解除劳动关系，并要求其赔偿损失。

关联法律条文：《公司法》第一百四十七条、第一百四十九

条、第一百五十条、第一百五十二条

第一百四十七条：董事、监事、高级管理人员应当遵守法律、行政法规和公司章程，对公司负有忠实义务和勤勉义务。

董事、监事、高级管理人员不得利用职权收受贿赂或者其他非法收入，不得侵占公司的财产。

第一百四十九条：董事、监事、高级管理人员执行公司职务时违反法律、行政法规或者公司章程的规定，给公司造成损失的，应当承担赔偿责任。

第一百五十条：股东会或者股东大会要求董事、监事、高级管理人员列席会议的，董事、监事、高级管理人员应当列席并接受股东的质询。

董事、高级管理人员应当如实向监事会或者不设监事会的有限责任公司的监事提供有关情况和资料，不得妨碍监事会或者监事行使职权。

第一百五十二条：董事、高级管理人员违反法律、行政法规或者公司章程的规定，损害股东利益的，股东可以向人民法院提起诉讼。

033　如何避免总经理频繁更换

结论：可在公司章程中设置总经理解聘条款，防止董事会或

执行董事无理由任意撤换总经理。

经典案例：案号：(2010) 沪二中民四（商）终字第 436 号——原告李某与被告某公司公司决议撤销纠纷一案。

案情简介：原告李某系被告公司的股东，并担任总经理。公司股权结构为：葛某持股 40%，李某持股 46%，王某持股 14%。三位股东共同组成董事会，由葛某担任董事长，另两人为董事。公司章程规定：董事会行使包括聘任或者解聘公司经理等职权；董事会须由三分之二以上的董事出席方才有效；董事会对所议事项作出的决定应由占全体股东三分之二以上的董事表决通过方才有效。2009 年 7 月 18 日，公司董事长葛某召集并主持董事会，三位董事均出席，会议形成了"鉴于总经理李某不经董事会同意私自动用公司资金在二级市场炒股，造成巨大损失，现免去其总经理职务，即日生效"等内容的决议。该决议由葛某、王某及监事签名，李某未在该决议上签名。原告李某认为被告公司免除其总经理职务的决议所依据的事实和理由不成立，且董事会的召集程序、表决方式及决议内容均违反了公司法的规定，故诉至法院，请求法院依法撤销该董事会决议。

裁判观点：根据《中华人民共和国公司法》第二十二条第二款的规定，董事会决议可撤销的事由包括：一、召集程序违反法律、行政法规或公司章程；二、表决方式违反法律、行政法规或公司章程；三、决议内容违反公司章程。本案被告公司召集程序合法，从表决方式看，根据被告公司章程规定，对所议事项作出的决定应由占全体股东三分之二以上的董事表决通过方才有效，上述董事会决议由三位股东（兼董事）中的两名表决通过，故在表决方式上未违反法律、行政法规或公司章程的规定。从决议内容看，被告公司章程规定董事会有权解聘公司经理，董事会决议内容中"总经理李某不经董事会同意私自动用公司资金在二级市场炒股，造成巨大损失"的陈述，仅是董事会解聘李某总经理职务的原因，而解聘李某总经理职务的决议内容本身并不违反公司章程。

董事会决议解聘李某总经理职务的原因如果不存在，并不导致董事会决议撤销。首先，公司法尊重公司自治，公司内部法律关系原则上由公司自治机制调整，司法机关原则上不介入公司内部事务；其次，被告公司的章程中未对董事会解聘公司经理的职权作出限制，并未规定董事会解聘公司经理必须要有一定原因，该章程内容未违反公司法的强制性规定，应认定有效，因此被告公司董事会可以行使公司章程赋予的权力作出解聘公司经理的决定。故法院应当尊重公司自治，无需审查被告公司董事会解聘公司经理的原因是否存在，即无需审查决议所依据的事实是否属实，理由是否成立。综上，原告李某请求撤销董事会决议的诉讼请求不成立，依法予以驳回。

人民法院在审理公司决议撤销纠纷案件中应当审查：会议召集程序、表决方式是否违反法律、行政法规或者公司章程，以及决议内容是否违反公司章程。在未违反上述规定的前提下，解聘总经理职务的决议所依据的事实是否属实，理由是否成立，不属于司法审查范围。

分析：避免总经理被频繁更换是对公司董事会或执行董事权利的一种限制，或防止公司控制权争夺时迅速更换总经理。现行的司法观点认为，董事会如果更换总经理时程序不违反公司章程，则不能仅依据事实不真实否认董事会作出的决议效力。

因此，在公司章程中，可以写明总经理的任期并规定任期内不得随意更换。同时，需要注意的一点是，即使将总经理解聘，并不意味着该员工丧失与公司的劳动关系，如公司欲与该员工解除劳动关系，还必须按照《劳动法》《劳动合同法》的有关规定办理，否则，在总经理不同意辞职，公司单方面解除合同的情况下，公司需支付经济赔偿。

关联法律条文：《公司法》第四十六条、第一百四十六条

第四十六条：董事会对股东会负责，行使下列职权：

（一）召集股东会会议，并向股东会报告工作；

（二）执行股东会的决议；

（三）决定公司的经营计划和投资方案；

（四）制订公司的年度财务预算方案、决算方案；

（五）制订公司的利润分配方案和弥补亏损方案；

（六）制订公司增加或者减少注册资本以及发行公司债券的方案；

（七）制订公司合并、分立、解散或者变更公司形式的方案；

（八）决定公司内部管理机构的设置；

（九）决定聘任或者解聘公司经理及其报酬事项，并根据经理的提名决定聘任或者解聘公司副经理、财务负责人及其报酬事项；

（十）制定公司的基本管理制度；

（十一）公司章程规定的其他职权。

第一百四十六条：有下列情形之一的，不得担任公司的董事、监事、高级管理人员：

（一）无民事行为能力或者限制民事行为能力；

（二）因贪污、贿赂、侵占财产、挪用财产或者破坏社会主义市场经济秩序，被判处刑罚，执行期满未逾五年，或者因犯罪被剥夺政治权利，执行期满未逾五年；

（三）担任破产清算的公司、企业的董事或者厂长、经理，对该公司、企业的破产负有个人责任的，自该公司、企业破产清算完结之日起未逾三年；

（四）担任因违法被吊销营业执照、责令关闭的公司、企业的法定代表人，并负有个人责任的，自该公司、企业被吊销营业执照之日起未逾三年；

（五）个人所负数额较大的债务到期未清偿。

公司违反前款规定选举、委派董事、监事或者聘任高级管理人员的，该选举、委派或者聘任无效。

董事、监事、高级管理人员在任职期间出现本条第一款所列情形的，公司应当解除其职务。

034　转让股权时，法定代表人身份会一并转让吗

结论：不会，法定代表人需基于特定职位方可担任。

分析：公司法定代表人应由公司董事长、执行董事或总经理担任，在股东转让股权时，转让的是作为股东的财产权及特定身份权，但股东这一身份并不必然包含法定代表人这一具有象征意义的身份。

法定代表人的担任是依附于其他特定身份的，因此，即使取得股东身份，在未取得董事长、执行董事或总经理职位之前，仍不具备担任法定代表人条件。正确的做法应是，在取得股东身份后，按照公司章程规定程序，对董事长、执行董事或总经理职位进行选举，然后约定具体担任法定代表人的职位，最后变更公司章程，报工商行政机关备案。

关联法律条文：《公司法》第十三条

第十三条：公司法定代表人依照公司章程的规定，由董事长、执行董事或者经理担任，并依法登记。公司法定代表人变更，应当办理变更登记。

第二部分

内部管理篇

第四章　董事、监事、高级管理人员

035　董事、监事、高级管理人员在职时需遵守哪些义务

结论： 忠实义务和勤勉义务。

经典案例：（2019）皖 0202 民初 333 号，某餐饮公司与后某损害公司利益责任纠纷一案。

案情简介： 后某系餐饮公司原执行董事兼总经理（即法定代表人）。2016 年 9 月餐饮公司经营场所列入政府拆迁范围。同年 11 月，经餐饮公司全体股东协商一致，停止经营活动，解除职工劳动关系，清算债权债务。根据拆迁部门要求，政府拆迁补偿款到位后方可办理公司清算注销程序。2018 年 6 月，在拆迁补偿款划转入餐饮公司交通银行账户前后，后某未与任何股东言明，就利用持有单位结算卡等职务之便先后自餐饮公司账户支取 39.63 万元。公司其余股东得知后，多次采取多种途径与后某协商，后某均拒绝出面协商处理。因餐饮公司早已停止经营活动，包括工商登记的监事张三（公司管理不规范，停业之前工商登记事务多由后某操控，是否确有张三其人无法核实）在内的全部员工早已离开且无法取得联系。后餐饮公司股东召开股东会，选举股东祝得玉为新任执行董事兼总经理，担任法定代表人，并依法办理了工商变更登记。截至诉前，后某仍未向原告偿还所取款项，且拒绝出面协商处理。餐饮公司向法院提出诉讼请求，要求后某返还其侵占款及利息。

裁判观点： 公司高级管理人员应当遵守法律和公司财务制度，对公司负有忠实义务和勤勉义务。后某作为公司股东及法定代表人，未经股东会同意，将公司存款予以支取，其行为损害了公司的利益，公司有权行使归入权，要求后某返还该部分款项。现餐饮公司要求后某返还占用本金 396300 元及利息符合法律规定，法院予以支持。

分析： 公司董事、监事、高级管理人员作为公司的核心层人员，其行为足以影响公司的正常发展，因此，法律明确规定了董事及高级管理人员的禁止行为：

（一）挪用公司资金；

（二）将公司资金以其个人名义或者以其他个人名义开立账户存储；

（三）违反公司章程的规定，未经股东会、股东大会或者董事会同意，将公司资金借贷给他人或者以公司财产为他人提供担保；

（四）违反公司章程的规定或者未经股东会、股东大会同意，与本公司订立合同或者进行交易；

（五）未经股东会或者股东大会同意，利用职务便利为自己或者他人谋取属于公司的商业机会，自营或者为他人经营与所任职公司同类的业务；

（六）接受他人与公司交易的佣金归为己有；

（七）擅自披露公司秘密；

（八）违反对公司忠实义务的其他行为。

除上述法律禁止行为外，保密义务需特别留意，在保密义务需要公司制定有专门的保密制度，即公司首先应对商业秘密具有保密态度，然后才可以要求董事、监事、高级管理人员进行保密。

关联法律条文：《公司法》第一百四十七条、第一百四十八条、第一百四十九条、第一百五十条

第一百四十七条：董事、监事、高级管理人员应当遵守法律、行政法规和公司章程，对公司负有忠实义务和勤勉义务。

董事、监事、高级管理人员不得利用职权收受贿赂或者其他非法收入，不得侵占公司的财产。

第一百四十八条：董事、高级管理人员不得有下列行为：

（一）挪用公司资金；

（二）将公司资金以其个人名义或者以其他个人名义开立账户存储；

（三）违反公司章程的规定，未经股东会、股东大会或者董

事会同意，将公司资金借贷给他人或者以公司财产为他人提供担保；

（四）违反公司章程的规定或者未经股东会、股东大会同意，与本公司订立合同或者进行交易；

（五）未经股东会或者股东大会同意，利用职务便利为自己或者他人谋取属于公司的商业机会，自营或者为他人经营与所任职公司同类的业务；

（六）接受他人与公司交易的佣金归为己有；

（七）擅自披露公司秘密；

（八）违反对公司忠实义务的其他行为。

董事、高级管理人员违反前款规定所得的收入应当归公司所有。

第一百四十九条：董事、监事、高级管理人员执行公司职务时违反法律、行政法规或者公司章程的规定，给公司造成损失的，应当承担赔偿责任。

第一百五十条：股东会或者股东大会要求董事、监事、高级管理人员列席会议的，董事、监事、高级管理人员应当列席并接受股东的质询。

董事、高级管理人员应当如实向监事会或者不设监事会的有限责任公司的监事提供有关情况和资料，不得妨碍监事会或者监事行使职权。

036 能否对公司高级管理人员离职作出限制

结论：可以要求其承担保密义务及竞业限制义务，但不得干涉其人身自由。

经典案例：（2020）鲁 13 民终 1379 号——薛某、山东某车制造有限公司竞业限制纠纷一案。

案情简介：薛某于 2014 年 10 月 20 日进入山东某汽车制造有限公司工作。2016 年 5 月 26 日，双方签订了劳动合同及保守商业秘密合同各一份，劳动合同中约定薛某在合同期间得到的有关山东某汽车制造有限公司及其关联公司的情报、信息、技术资料等商业秘密进行保密，不得将其泄露给任何第三者。此种保密义务在本合同终止或期满后三年内对薛某仍有约束力。

保守商业秘密合同中，双方约定："4. 在劳动合同终止后 3 年内，不得组建、参与或就业与山东某汽车制造有限公司有竞争关系的公司或单位。三、保密期限至上述商业秘密公开或被公众知悉时止。保密义务并不因劳动合同的解除而免除。"

2018 年 7 月 3 日，薛某因个人原因向山东某汽车制造有限公司提交了辞职申请并离职。2018 年 8 月 1 日，山东某达汽车制造公司任命薛龙为公司销售部总监，全面负责销售部日常管理工作，薛某新任职公司经营范围与被告山东某汽车制造有限公司基本一致。

裁判观点：竞业限制是指依照法律规定或者合同约定，企业可以禁止其职工在任职期间或者离职后的一定时期内，不得从事与本企业有密切竞争关系的业务活动。薛某在山东某汽车制造有限公司工作期间从事挂车销售工作，掌握山东某汽车制造有限公司的经营策略、业务往来、客户资料等相关经营信息，应属《中华人民共和国劳动合同法》第二十四条规定的"其他负有保密义务的人员"。薛某违反了双方约定的竞业限制义务，依法应承担违约责任。

但考虑到双方在《保守商业秘密合同》中仅约定薛某应承担的竞业限制义务，而未约定山东某汽车制造有限公司应支付的竞业限制补偿金，权利义务不对等；根据公平和诚实信用原则，判决薛某承担部分违约责任。

分析：高级管理人员一般掌握公司核心秘密，其在职时，公司要求其承担保密责任相对容易，但在离职之后，如继续要求其承担保密义务及竞业限制义务，则必须向高级管理人员支付一定报酬，否则，高级管理人员不再受竞业限制义务约束。背后的原理是，如高级管理人员因在某一公司担任过管理人员，便不得再踏入相同领域，且尤法获得原用人单位的任何补偿，则管理人员会丧失生活来源，对劳动者来说显失公平。

当然，如果用人单位与高级管理人员在劳动期限内，签订有服务协议，可以要求该高级管理人员退还剩余期限对应的培训费

用，并支付违约金。

关联法律条文：《公司法》第一百四十九条、《劳动合同法》第二十三条、第二十四条

《公司法》

第一百四十九条：董事、监事、高级管理人员执行公司职务时违反法律、行政法规或者公司章程的规定，给公司造成损失的，应当承担赔偿责任。

《劳动合同法》

第二十三条：用人单位与劳动者可以在劳动合同中约定保守用人单位的商业秘密和与知识产权相关的保密事项。

对负有保密义务的劳动者，用人单位可以在劳动合同或者保密协议中与劳动者约定竞业限制条款，并约定在解除或者终止劳动合同后，在竞业限制期限内按月给予劳动者经济补偿。劳动者违反竞业限制约定的，应当按照约定向用人单位支付违约金。

第二十四条：竞业限制的人员限于用人单位的高级管理人员、高级技术人员和其他负有保密义务的人员。竞业限制的范围、地域、期限由用人单位与劳动者约定，竞业限制的约定不得违反法律、法规的规定。

在解除或者终止劳动合同后，前款规定的人员到与本单位生产或者经营同类产品、从事同类业务的有竞争关系的其他用人单位，或者自己开业生产或者经营同类产品、从事同类业务的竞业限制期限，不得超过二年。

037　赠与股权就是股权激励吗

结论：不是。

关联法律条文：法律无明确规定，需根据客观情况，结合多部法律规定处理。

分析：股权激励是近些年较为火热的一种对员工的激励手段，但不能狭隘地认为赠与股权就是股权激励。赠与股权的情形可能是会计中的股份支付或基于其他原因作出的赠与决定。

股权激励的方式多种多样，赠与股权仅为其中一种表现方式，在操作股权激励的过程中，一定不能一概而论地将股权赠与出去，特别是股权激励对象为多人，赠与之后可能造成公司僵局的出现。

038　哪些情况下适合进行股权激励

结论：适合进行股权激励的条件：

1. 公司的发展依赖员工的工作；

2. 公司具有长期规划；

3. 公司股权价值高，员工对股权激励具有期待性。

分析： 对于资源型企业、劳动密集型企业、政策型企业等不以人力资源为核心竞争力的企业，股权激励的手段对公司的发展意义不大，公司的发展更多地依赖于股东的个人能力、圈子及资源。而对于技术型企业、业务型企业、创新型企业等极度依赖于员工个人能力、资源的企业，股权激励能够起到更大效果。

员工认同股权激励这种收入分配模式，有很大一部分原因是公司有上市的可能性或重大发展前景。因此，公司必然需要有做大做强的远期发展规划与愿景，同时还需要有发展做大的可能性。

对于员工来讲，股权激励的标准必须是通过自身的努力可以达到的。标准定得太高，可操作性也就越低，股权激励的效果也就越低。同时，对已经拥有股权员工高额的盈利分配制度，也能对未取得股权的员工起到激励作用。

关联法律条文： 无法律直接依据，根据实践总结。

039　股权激励模式选定应注意哪些事项

结论： 根据目的不同，选择不同的激励方式。

关联法律条文： 无法律明义依据，根据实践总结。

分析：公司进行股权激励的目的一般由以下几种：

1. 提高业绩；

2. 稳定老员工；

3. 降低人力成本压力；

4. 留住人才。

根据上述不同的激励目的，本书中笔者直接告知可选择方式，原因不再详细阐述：

提高业绩→超额奖励

稳定老员工→期股

降低人力成本→期权

留住人才→实股

简单解释一下：实股为实实在在的股份，期股是可以期待的实股，只是成为实股之前要经过一定时间和程序，期权是先获得股比，但不具有权利，经过一定时间和程序后才能享有权利。

第五章 员工管理

040 如何区分劳动关系与劳务关系

结论： 劳动关系与劳务关系主要存在以下区别：

1. 用工主体资格不同；

2. 履约标准不同；

3. 适用法律不同；

4. 争议管辖方式不同。

经典案例：（2019）冀0827民初2610号——宽城某小吃店与石某确认劳动关系纠纷一案。

案情简介： 石某于2019年5月5日开始到宽城某小吃店从事后厨工作，签订了餐厅兼职员工入职协议。该协议第六条规定了请假制度；第八条规定，员工正式入职后必须严格遵守餐厅规定，服从管理，团结同事，工作期间如果出现特殊状况，必须及时报备餐厅经理，不可自行处理。石某在全体人员承诺书上签字。

石某在宽城某小吃店工作到 2019 年 8 月 21 日，以后未再上班。石某在原告宽城某小吃店务工期间，工作时间大部分为 18 时 30 分至 22 时 30 分，工资标准开始为每小时 8.50 元，后为每小时 9.00 元，工资由原告宽城某小吃店发放。后石某与宽城某小吃店就双方之间是否存在劳动关系发生纠纷。

裁判观点：宽城某小吃店与石某双方符合法律、法规规定的主体资格，综合宽城某小吃店与石某双方陈述及所出示的证据，能够证实石某在宽城某小吃店务工期间日常管理由宽城某小吃店负责，工资由宽城某小吃店发放，宽城某小吃店规章制度适用于石某，石某所从事的工作属于宽城某小吃店的业务范围。根据以上情形，宽城某小吃店与石某之间符合劳动关系的特征，且劳动合同法规定了非全日制用工形式，不能因以小时计酬就排除劳动关系的存在。

分析：首先，劳动关系的建立，应该包含劳动者与用人单位，个人与个人之间无法形成劳动关系；而劳务关系则无此限制，个人与个人之间仍可以形成劳务关系。

其次，劳务关系过程中，接受劳务者看重的是劳务者提供的劳务结果，只要结果达到，即视为劳务者提供的劳务符合合同约定；但劳动关系则不然，劳动关系中，劳动者需要遵守用人单位的规章，用人单位看重的是劳动者提供劳动的过程，至于结果如何，不属于劳动关系中要求内容。

再次，劳动关系适用的法律是《劳动法》及《劳动合同法》；而劳务关系中，适用的是《合同法》，2021 年后适用《民法典合同篇》。

最后，如果发生争议，劳动关系仲裁前置，需要先申请劳动仲裁，对仲裁结果不服的，才可以提起诉讼；而劳务关系中，可直接申请法院审理。

综上，与他人订立合同时，应看具体合同内容及合同主体予以确定，避免因意思表达错误造成不必要的损失。

041　未及时签订劳动合同的法律后果有哪些

结论：未及时订立劳动合同主要后果有以下几点：

1. 双倍工资惩罚；

2. 无固定期限劳动关系合同认定；

3. 劳动者可以随时解除；

4. 劳动者要求支付经济补偿金；

5. 不能以试用期不合格为由辞退员工；

6. 难以保护商业秘密；

7. 不能免除社保义务。

经典案例：（2019）浙 0108 民初 5904 号——孙某某与上海某某科技有限公司杭州分公司劳动争议。

案情简介：2018 年 3 月 14 日，孙某某入职上海某某科技有限公司杭州分公司，双方签订了书面的劳动合同。2018 年 8 月 8 日，孙某某离职。2018 年 10 月 8 日，孙某某再次入职上海某某科技有限公司杭州分公司，未签订书面的劳动合同。2019 年 8 月 23 日，原告离职。2018 年 10 月 8 日至 2019 年 8 月 23 日，原孙某某共计收到上海某某科技有限公司杭州分公司发放的工资 49984.23 元。

裁判观点：孙某某与上海某某科技有限公司杭州分公司之间已经形成了劳动关系。建立劳动关系，应当订立书面劳动合同。孙某某自 2018 年 10 月 8 日进入上海某某科技有限公司杭州分公司工作，至 2019 年 8 月 23 日离职，双方一直未签订书面劳动合同，上海某某科技有限公司杭州分公司应当向孙某某每月支付二倍的工资。对原告要求被告支付因未签订劳动合同的二倍工资。

分析：第一，根据《劳动合同法》第八十二条、《劳动合同法实施条例》第七条的规定，用人单位自用工之日起满一年未与劳动者订立书面劳动合同的，自用工之日起满一个月的次日至满一年的前一日向劳动者每月支付二倍的工资。

第二，用人单位不签订劳动合同，存在视为已经订立无固定期限劳动合同的风险。

《劳动合同法》第十四条、《劳动合同法实施条例》第七条规定，用人单位自用工之日起满一年不与劳动者订立书面劳动合同的，自用工之日起满一个月的次日至满一年的前一日依照《劳动合同法》第八十二条的规定向劳动者每月支付二倍的工资，并视

为自用工之日起满一年的当日已经与劳动者订立无固定期限劳动合同，应当立即与劳动者补订书面劳动合同。本条规定了用人单位在"视为已订立无固定期限劳动合同"的情况下仍负有补订书面劳动合同的义务。其意义在于自"视为"订立之日起到劳动者退休之前，用人单位与劳动者之间只存在解除劳动合同的问题，而不再有终止的问题。

第三，不签订劳动合同，用人单位的商业秘密不易得到保护。《劳动合同法》第二十三条、二十四条、第九十条规定，用人单位可以与劳动者在劳动合同中约定保守用人单位商业秘密和知识产权的条款；对负有保密义务的劳动者，用人单位可以在劳动合同或者保密协议中与劳动者约定竞业限制条款，劳动者违反竞业限制约定的，应当按照约定向用人单位支付违约金。

如果没有签订保密条款或者保密协议，明确保密的范围和法律责任，单位就难以证明哪些属于商业秘密，是否已对其主张的所谓商业秘密采取了保密措施，从而有可能不被认定为商业秘密。这对企业的发展是非常不利的。

第四，不签订劳动合同，用人单位可能面临罚款等行政处罚。

用人单位不签订劳动合同，员工可以向劳动监察部门投诉，一经查实，劳动行政部门可以责令单位改正，并可以给予罚款的处罚。

第五，员工可以随时且不承担任何违约责任或者赔偿的解除合同。如果双方签订了劳动合同，员工要提前解除劳动合同，必须提前 30 日书面通知单位，否则就是违法解除劳动合同，造成单位损失的，应该依法承担赔偿责任。如果劳动合同约定了员工提前解除劳动合同的违约责任，单位也可以依法要求员工承担为违约责任（如违约金等）。但是，如果单位没有与员工签订劳动合同，员工不但可以随时解除劳动合同，而且不需要对单位承担违约责任或者赔偿责任。

第六，未签订劳动合同并不能免除用人单位为员工缴纳各项社会保险费的义务。按照法律规定，用人单位只要发生了用工行为，与员工形成了劳动关系，即使是没有签劳动合同书，员工就享有法律上规定的各项权利，单位也负有劳动法上的各项义务。其中，依法缴纳各项社会保险费就是用人单位不能免除的强制性法定义务。假如单位没有缴纳社会保险费，员工可以向部门投诉，劳动监察部门可以责令单位缴纳，甚至申请法院强制执行，并对用人单位进行处罚。

关联法律条文：《劳动合同法》第十一条、第十四条、第二十三条、第二十四条、第八十二条

第十一条：用人单位未在用工的同时订立书面劳动合同，与劳动者约定的劳动报酬不明确的，新招用的劳动者的劳动报酬按照集体合同规定的标准执行；没有集体合同或者集体合同未规定的，实行同工同酬。

第十四条：无固定期限劳动合同，是指用人单位与劳动者约定无确定终止时间的劳动合同。

用人单位与劳动者协商一致，可以订立无固定期限劳动合

同。有下列情形之一，劳动者提出或者同意续订、订立劳动合同的，除劳动者提出订立固定期限劳动合同外，应当订立无固定期限劳动合同：

（一）劳动者在该用人单位连续工作满十年的；

（二）用人单位初次实行劳动合同制度或者国有企业改制重新订立劳动合同时，劳动者在该用人单位连续工作满十年且距法定退休年龄不足十年的；

（三）连续订立二次固定期限劳动合同，且劳动者没有本法第三十九条和第四十条第一项、第二项规定的情形，续订劳动合同的。

用人单位自用工之日起满一年不与劳动者订立书面劳动合同的，视为用人单位与劳动者已订立无固定期限劳动合同。

第二十三条：用人单位与劳动者可以在劳动合同中约定保守用人单位的商业秘密和与知识产权相关的保密事项。

对负有保密义务的劳动者，用人单位可以在劳动合同或者保密协议中与劳动者约定竞业限制条款，并约定在解除或者终止劳动合同后，在竞业限制期限内按月给予劳动者经济补偿。劳动者违反竞业限制约定的，应当按照约定向用人单位支付违约金。

第二十四条：竞业限制的人员限于用人单位的高级管理人员、高级技术人员和其他负有保密义务的人员。竞业限制的范围、地域、期限由用人单位与劳动者约定，竞业限制的约定不得违反法律、法规的规定。

在解除或者终止劳动合同后，前款规定的人员到与本单位生产或者经营同类产品、从事同类业务的有竞争关系的其他用人单位，或者自己开业生产或者经营同类产品、从事同类业务的竞业限制期限，不得超过二年。

第八十二条：用人单位自用工之日起超过一个月不满一年未与劳动者订立书面劳动合同的，应当向劳动者每月支付二倍的工资。

用人单位违反本法规定不与劳动者订立无固定期限劳动合同的，自应当订立无固定期限劳动合同之日起向劳动者每月支付二倍的工资。

042　用人单位可以押一个月工资吗

结论：不可以。

分析：公司押员工一个月工资一般是为了限制员工的离去（转投其他公司）或作为押金，该行为是不合法的，员工可以通过劳动监察部门解决这件事情。

所以，用人单位不能押劳动者工资，不然可能面临被处罚的危险。

关联法律条文：《工资支付暂行规定》第七条、《劳动合同法》第八十五条

《工资支付暂行规定》

第七条： 工资必须在用人单位与劳动者约定的日期支付。如遇节假日或休息日，则应提前在最近的工作日支付。工资至少每月支付一次，实行周、日、小时工资制的可按周、日、小时支付工资。

《劳动合同法》

第八十五条： 用人单位有下列情形之一的，由劳动行政部门责令限期支付劳动报酬、加班费或者经济补偿；劳动报酬低于当地最低工资标准的，应当支付其差额部分；逾期不支付的，责令用人单位按应付金额百分之五十以上百分之一百以下的标准向劳动者加付赔偿金：

（一）未按照劳动合同的约定或者国家规定及时足额支付劳动者劳动报酬的；

（二）低于当地最低工资标准支付劳动者工资的；

（三）安排加班不支付加班费的；

（四）解除或者终止劳动合同，未依照本法规定向劳动者支付经济补偿的。

043 哪些类型社保用人单位必须购买

结论： 养老保险、医疗保险、失业保险、工伤保险、生育保险。

分析：1. 养老保险。养老保险是劳动者在达到法定退休年龄退休后，从政府和社会得到一定的经济补偿物质帮助和服务的一项社会保险制度。国有企业、集体企业、外商投资企业、私营企业和其他城镇企业及其职工，实行企业化管理的事业单位及其职工必须参加基本养老保险。

2. 医疗保险。城镇职工基本医疗保险制度，是根据财政、企业和个人的承受能力所建立的保障职工基本医疗需求的社会保险制度。

所有用人单位，包括企业（国有企业、集体企业、外商投资企业和私营企业等）、机关、事业单位、社会团体、民办非企业单位及其职工，都要参加基本医疗保险，城镇职工基本医疗保险基金由基本医疗保险社会统筹基金和个人账户构成。

3. 失业保险。失业保险是国家通过立法强制实行的，由社会集中建立基金，对因失业而暂时中断生活来源的劳动者提供物质帮助的制度。各类企业及其职工、事业单位及其职工、社会团体及其职工、民办非企业单位及其职工、国家机关与之建立劳动合同关系的职工都应办理失业保险。

4. 工伤保险。工伤保险也称职业伤害保险。劳动者由于工作原因并在工作过程中受意外伤害，或因接触粉尘、放射线、有毒害物质等职业危害因素引起职业病后，由国家和社会给负伤、致残者以及死亡者生前供养亲属提供必要物质帮助。

工伤保险费由用人单位缴纳，对于工伤事故发生率较高的行业工伤保险费的征收费率高于一般标准。

5. 生育保险。生育保险是针对生育行为的生理特点，根据法律规定，在职女性因生育子女而导致劳动者暂时中断工作、失去正常收入来源时，由国家或社会提供的物质帮助。

生育保险待遇包括生育津贴和生育医疗服务两项内容。生育保险基金由用人单位缴纳的生育保险费及其利息以及滞纳金组成。女职工产假期间的生育津贴、生育发生的医疗费用、职工计划生育手术费用及国家规定的与生育保险有关的其他费用都应该从生育保险基金中支出。

所有用人单位（包括各类机关、社会团体、企业、事业、民办非企业单位）及其职工都要参加生育保险。

另外需要注意的是：养老保险、医疗保险和失业保险，这三种险是由企业和个人共同缴纳的保费，工伤保险和生育保险完全是由企业承担的，个人不需要缴纳。

关联法律条文：《社会保险法》第五十七条、第五十八条

第五十七条：用人单位应当自成立之日起三十日内凭营业执照、登记证书或者单位印章，向当地社会保险经办机构申请办理社会保险登记。社会保险经办机构应当自收到申请之日起十五日内予以审核，发给社会保险登记证件。

用人单位的社会保险登记事项发生变更或者用人单位依法终止的，应当自变更或者终止之日起三十日内，到社会保险经办机构办理变更或者注销社会保险登记。

市场监督管理部门、民政部门和机构编制管理机关应当及时向社会保险经办机构通报用人单位的成立、终止情况，公安机关

应当及时向社会保险经办机构通报个人的出生、死亡以及户口登记、迁移、注销等情况。

第五十八条：用人单位应当自用工之日起三十日内为其职工向社会保险经办机构申请办理社会保险登记。未办理社会保险登记的，由社会保险经办机构核定其应当缴纳的社会保险费。

自愿参加社会保险的无雇工的个体工商户、未在用人单位参加社会保险的非全日制从业人员以及其他灵活就业人员，应当向社会保险经办机构申请办理社会保险登记。

国家建立全国统一的个人社会保障号码。个人社会保障号码为公民身份号码。

044 员工在职期间有无必要签订保密协议

结论：根据工作岗位确定。

分析：保密协议并不是全部员工都要签署，只有在能获得企业商业秘密的岗位才有签署必要，例如，从事研发、创新类型的公司，对于研发人员则是要签署保密协议的，这点是基于岗位的特殊性。除此之外，公司自身也要制定相应的保密制度，支付一定的保密费用。

若是在普通公司上班，从事行政和后勤性质的工作一般不需要签订保密协议。而销售类型的，有接触到客户，则要签订保密

协议。员工离职后，公司是不能因为员工没有签订保密协议而扣押工资的，所以，在职期间约定离职后继续履行保密义务显得尤为重要。

综上，在与员工签订保密协议时，应充分考虑公司性质及岗位性质，同时，公司制定保密制度并向承担保密义务的员工支付一定的费用。

关联法律条文：《劳动合同法》第二十三条、第二十四条、第九十条

第二十三条：用人单位与劳动者可以在劳动合同中约定保守用人单位的商业秘密和与知识产权相关的保密事项。

对负有保密义务的劳动者，用人单位可以在劳动合同或者保密协议中与劳动者约定竞业限制条款，并约定在解除或者终止劳动合同后，在竞业限制期限内按月给予劳动者经济补偿。劳动者违反竞业限制约定的，应当按照约定向用人单位支付违约金。

第二十四条：竞业限制的人员限于用人单位的高级管理人员、高级技术人员和其他负有保密义务的人员。竞业限制的范围、地域、期限由用人单位与劳动者约定，竞业限制的约定不得违反法律、法规的规定。在解除或者终止劳动合同后，前款规定的人员到与本单位生产或者经营同类产品、从事同类业务的有竞争关系的其他用人单位，或者自己开业生产或者经营同类产品、从事同类业务的竞业限制期限，不得超过二年。

第九十条：劳动者违反本法规定解除劳动合同，或者违反劳动合同中约定的保密义务或者竞业限制，给用人单位造成损失的，应当承担赔偿责任。

045 员工离职后违反保密协议如何处理

结论：可根据员工违反程度追究员工的民事责任、行政责任或刑事责任。

经典案例：（2017）闽0203民初13656号——某教育公司与陈某劳动争议纠纷一案。

案情简介：陈某于2016年7月13日入职某教育公司，职位为营销专员，于2017年3月31日离职。陈某入职当天签订了《劳动合同》和《保密协议书》。《保密协议书》约定了陈某应予保密的保密内容、保密范围等，并于第三条之5.3条款约定了陈某负有的竞业限制义务，即："（乙方即陈某）不得将甲方重要文件、资料等带出甲方办公场所或提供给竞争者或有竞争可能的单位和个人。如确属工作需要，需将材料带出甲方办公场所，必须经过法定代表人书面批准方可。"

某教育公司于2017年4月发现，陈某与该公司其他在职员工于2017年2月27日共同设立了竞争公司，该3人利用职务

便利窃取公司咨询平台上的辅导老师名单、咨询客户名单、报名成功信息表（跟进表）、产品体系等资料，将资料转移至 3 人名下的竞争公司，或供 3 人的竞争公司使用，将原属于该公司公司的交易转移至竞争公司，并达成交易。某教育公司发现后，于 2017 年 4 月 18 日 12 点 33 分向该市公安局报警，陈某等 3 人供认不讳。

裁判观点： 某教育公司可以按照《保密协议书》的约定，要求陈某履行保密义务，并承担相关的法律责任。但根据《劳动合同法》的规定，除了劳动者违反服务期条款及竞业限制条款之外，用人单位不得要求劳动者支付违约金。因此，双方在《保密协议书》中约定的违约金条款，违反法律规定，应属无效。

分析： 民事责任又可以分为违约责任和侵权责任。离职员工违反保密协议很可能同时侵犯了用人单位的商业秘密，给用人单位造成了实际损失。因此，用人单位可以要求离职员工承担违反保密协议约定的违约责任，也可以选择要求离职人员承担赔偿损失的侵权责任。但违约责任与侵权责任不能同时适用，用人单位只能从中选择一种。

如果离职员工的行为已经符合《反不正当竞争法》的相关规定，该员工有可能承担行政处罚责任。如果情节更加严重，已经触犯了《刑法》，达到了入刑的标准，则根据《刑法》的有关规定，如有以下行为，并且给商业秘密的权利人造成重大损失的，处 3 年以下有期徒刑或者拘役，并处罚金；造成特别严重后果的，处 3 年以上 7 年以下有期徒刑，并处罚金，依法要求该离职员工承担刑事责任。

公司应根据离职人员的违约情节及造成后果分别处理。较轻时，自行诉讼；较重时，报工商行政部分；特别严重时，报警立案处理。

关联法律条文：《劳动合同法》第一百零二条、《民法典》第五百七十七条、《反不正当竞争法》第九条、《刑法》第二百一十九条

《劳动合同法》

第一百零二条：劳动者违反本 法规 定的条件解除 劳动合同或者违反劳动合同中约定的保密事项，对用人单位造成经济损失的，应当依法承担赔偿责任。

《民法典》

第五百七十七条：当事人一方不履行合同义务或者履行合同义务不符合约定的，应当承担继续履行、采取补救措施或者赔偿损失等违约责任。

《反不正当竞争法》

第九条：经营者不得采用下列手段侵犯商业秘密：

（一）以盗窃、利诱、胁迫或者其他不正当手段获取权利人的商业秘密；

（二）披露、使用或者允许他人使用以前项手段获取的权利人的商业秘密；

（三）违反约定或者违反权利人有关保守商业秘密的要求，披露、使用或者允许他人使用其所掌握的商业秘密。

第三人明知或者应知前款所列违法行为，获取、使用或者披露他人的商业秘密，视为侵犯商业秘密。

本条所称商业秘密，是指不为公众所知悉、能为权利人带来经济利益、具有实用性并经权利人采取保密措施的技术信息和经营信息。

《刑法》

第二百一十九条： 有下列侵犯商业秘密行为之一，给商业秘密的权利人造成重大损失的，处三年以下有期徒刑或者拘役，并处或者单处罚金；造成特别严重后果的，处三年以上七年以下有期徒刑，并处罚金：

（一）以盗窃、利诱、胁迫或者其他不正当手段获取权利人的商业秘密的；

（二）披露、使用或者允许他人使用以前项手段获取的权利人的商业秘密的；

（三）违反约定或者违反权利人有关保守商业秘密的要求，披露、使用或者允许他人使用其所掌握的商业秘密的。

明知或者应知前款所列行为，获取、使用或者披露他人的商业秘密的，以侵犯商业秘密论。

本条所称商业秘密，是指不为公众所知悉，能为权利人带来经济利益，具有实用性并经权利人采取保密措施的技术信息和经营信息。

本条所称权利人，是指商业秘密的所有人和经商业秘密所有人许可的商业秘密使用人。

046　员工写的安全生产责任书或承诺书有效吗

结论：内容不违反法律强制规定时有效，但不能免除公司对外的责任主体。

经典案例：（2019）浙0703民初4941号——张某某与某某建设集团有限公司、东阳市某某建筑劳务有限公司提供劳务者受害责任纠纷一案。

案情简介：张某某系东阳市某某建筑劳务有限公司员工，与用人单位之间签订了《劳动合同书》及《职工安全生产责任书》，《职工安全生产责任书》中写明：若违反责任书造成安全事故，按有关文件补助标准的75%～25%兑现。2017年8月29日上午，因吊机出现故障，现场管理人员叫张某某上楼处理。在处理故障过程中，张某某不慎从建设工程四楼楼顶跌落，导致张某某严重受伤。张某某认为，应该由劳务公司及建设公司承担责任，劳务公司认为应由张某某自行承担。

裁判观点：张某某作为多年从事工地挖掘机驾驶工作的且具有完全民事行为能力人，应知晓在工地施工时需按照岗位职责安全生产，严禁跨岗位、跨职责操作生产设备，但其却在进行作业时擅自离开自身岗位转而高空处理吊机故障，且在跨岗位工作时对自身安全没有尽到应有的注意义务，自身存在过错，酌定张某某自行承担 30% 的责任，东阳市某某建筑劳务有限公司承担 70% 的责任。

分析：安全责任书的签订一般发生在具有安全风险的生产岗位。为了加强员工的安全意识，促进员工的规范操作，公司与员工之间会签订安全生产责任书或承诺书。但因用人单位实际上与劳动者之间并不是平等的法律主体。实践中，用人单位为了免除自己的责任，可能出现强迫劳动者签订安全生产责任书或承诺书的情形。

因此，在签订安全生产责任书或承诺书时，要注意其中的内容应相对公平，不能将全部责任转移给员工个人，否则，可能涉嫌无效。

关联法律条文：《安全生产法》第二十五条、《民法典》第四百六十五条、第五百零九条、第五百七十七条、第一千一百六十五条、第一千一百九十一条、第一千一百九十二条、第一千一百九十三条。

《安全生产法》

第二十五条：生产经营单位应当对从业人员进行安全生产教育和培训，保证从业人员具备必要的安全生产知识，熟悉有关的安全生产规章制度和安全操作规程，掌握本岗位的安全操作技能，了解事故应急处理措施，知悉自身在安全生产方面的权利和义务。未经安全生产教育和培训合格的从业人员，不得上岗作业。

生产经营单位使用被派遣劳动者的，应当将被派遣劳动者纳入本单位从业人员统一管理，对被派遣劳动者进行岗位安全操作规程和安全操作技能的教育和培训。劳务派遣单位应当对被派遣劳动者进行必要的安全生产教育和培训。

生产经营单位接收中等职业学校、高等学校学生实习的，应当对实习学生进行相应的安全生产教育和培训，提供必要的劳动防护用品。学校应当协助生产经营单位对实习学生进行安全生产教育和培训。

生产经营单位应当建立安全生产教育和培训档案，如实记录安全生产教育和培训的时间、内容、参加人员以及考核结果等情况。

《民法典》

第四百六十五条：依法成立的合同，受法律保护。

依法成立的合同，仅对当事人具有法律约束力，但是法律另有规定的除外。

第五百零九条：当事人应当按照约定全面履行自己的义务。

当事人应当遵循诚信原则，根据合同的性质、目的和交易习惯履行通知、协助、保密等义务。

当事人在履行合同过程中，应当避免浪费资源、污染环境和破坏生态。

第五百七十七条：当事人一方不履行合同义务或者履行合同义务不符合约定的，应当承担继续履行、采取补救措施或者赔偿损失等违约责任。

第一千一百六十五条：行为人因过错侵害他人民事权益造成损害的，应当承担侵权责任。

依照法律规定推定行为人有过错，其不能证明自己没有过错的，应当承担侵权责任。

第一千一百九十一条：用人单位的工作人员因执行工作任务造成他人损害的，由用人单位承担侵权责任。用人单位承担侵权责任后，可以向有故意或者重大过失的工作人员追偿。

劳务派遣期间，被派遣的工作人员因执行工作任务造成他人损害的，由接受劳务派遣的用工单位承担侵权责任；劳务派遣单位有过错的，承担相应的责任。

第一千一百九十二条：个人之间形成劳务关系，提供劳务一方因劳务造成他人损害的，由接受劳务一方承担侵权责任。接受劳务一方承担侵权责任后，可以向有故意或者重大过失的提供劳务一方追偿。提供劳务一方因劳务受到损害的，根据双方各自的过错承担相应的责任。

提供劳务期间，因第三人的行为造成提供劳务一方损害的，提供劳务一方有权请求第三人承担侵权责任，也有权请求接受劳务一方给予补偿。接受劳务一方补偿后，可以向第三人追偿。

第一千一百九十三条：承揽人在完成工作过程中造成第三人损害或者自己损害的，定作人不承担侵权责任。但是，定作人对定作、指示或者选任有过错的，应当承担相应的责任。

047　员工违反企业制度能否罚款

结论：法院意见不统一，部分法院认为不可以，但可以要求赔偿损失。部分法院认为不属于法院受理范围。

经典案例一：案号：（2016）冀 0209 民初 2394 号——唐山某轮毂有限公司与曹某某劳动争议一案。

案情简介：2012 年 11 月 16 日，曹某某到唐山某轮毂有限公司工作。2015 年 11 月 12 日，曹某某从安环处调动到炼钢部门，新岗位为拖拉机司机。曹某某在工作期间，因卫生不合格被罚款 300 元（证据仅能证明罚款 100 元）。

裁判观点：唐山某轮毂有限公司应当退还罚款 100 元。

经典案例二：案号：（2015）闵民一（民）初字第 4825 号——湖南某食品有限公司上海分公司与尉某劳动合同纠纷一案。

案情简介：湖南某食品有限公司上海分公司，因管理需要统一发放 SFA 手机，尉某拒绝领取 SFA 手机。湖南某食品有限公司上海分公司以尉某不服从管理为由，给予尉某 4 次记大过处分后，根据规章制度解除了劳动合同，期间湖南某食品有限公司依照公司规章制度对尉某罚款 6131.04 元。

裁判观点：湖南某食品有限公司作为用人单位对员工做出罚款的处理，此系企业内部经营管理行为，不属人民法院的受案范围，本案中不予处理，仲裁该项裁决亦不生效。

笔者注：我国劳动合同法规定，用人单位在制定、修改或者决定有关劳动报酬、工作时间、休息休假、劳动安全卫生、保险福利、职工培训、劳动纪律以及劳动定额管理等直接涉及劳动者切身利益的规章制度或者重大事项时，应当经职工代表大会或者全体职工讨论，提出方案和意见，与工会或者职工代表平等协商确定。

分析：因处罚权属于行政权力，企业不能直接对员工进行罚款，否则属于无效行为。但针对企业中存在的大错不犯、小错不断员工，该如何进行约束呢？

首先，针对考勤问题，可以在工资构成中设置全勤奖来进行有效管理：若员工当月满勤的情况下则可享受全勤奖；若员工当月出现迟到、早退、旷工等相关情形时，用人单位可扣除员工当月的全部或部分全勤奖。其次，针对员工迟到、早退、旷工的次数与时间设置不同程度的违纪处罚措施，并依法制定相关规章制度。

若每人每月一次迟到×分钟或者每月三次以内累计迟到×分钟

者，给予书面警告等类似条款，直至可视为严重违反规章制度并解除劳动合同。

在员工触犯有重大过错时，依据法律规定要求员工赔偿公司损失，明确损失的计算标准和赔偿标准，让员工提供更高质量的劳动服务。

关联法律条文：《行政处罚法》第十六条、第十七条、第十八条

第十六条：国务院或者经国务院授权的省、自治区、直辖市人民政府可以决定一个行政机关行使有关行政机关的行政处罚权，但限制人身自由的行政处罚权只能由公安机关行使。

第十七条：法律、法规授权的具有管理公共事务职能的组织可以在法定授权范围内实施行政处罚。

第十八条：行政机关依照法律、法规或者规章的规定，可以在其法定权限内委托符合本法第十九条规定条件的组织实施行政处罚。行政机关不得委托其他组织或者个人实施行政处罚。

委托行政机关对受委托的组织实施行政处罚的行为应当负责监督，并对该行为的后果承担法律责任。

受委托组织在委托范围内，以委托行政机关名义实施行政处罚；不得再委托其他任何组织或者个人实施行政处罚。

048 员工未提前 30 日告知用人单位离职，用人单位能否以此为由要求支付违约金

结论：不可以，但可以要求赔偿损失。

分析：首先，根据《劳动合同法》第十七条、第九十条的规定，劳动者提前 30 日以书面形式通知用人单位，可以解除劳动合同。劳动者违反本法规定解除劳动合同，给用人单位造成损失的，应当承担赔偿责任。另根据该法第二十二条、二十三条、二十五条的规定，用人单位可以与劳动者约定由劳动者承担违反服务期约定或违反竞业限制约定的违约金，除此之外，用人单位不得与劳动者约定由劳动者承担违约金。

未依法提前 30 日以书面形式通知公司辞职，给公司造成损失的，应予赔偿。但赔偿损失不同于违约金，违约金属于预先约定或规定的责任形式，不以实际损失为依据；赔偿损失则需事后计算损失，以实际损失为依据。公司关于员工未提前通知辞职需要支付违约金，因违反了《劳动合同法》第二十五条的规定而应认定无效。

关联法律条文：《劳动合同法》第十七条、第二十二条、第二十三、第二十五条、第九十条

第十七条：劳动合同应当具备以下条款：

（一）用人单位的名称、住所和法定代表人或者主要负责人；

（二）劳动者的姓名、住址和居民身份证或者其他有效身份证件号码；

（三）劳动合同期限；

（四）工作内容和工作地点；

（五）工作时间和休息休假；

（六）劳动报酬；

（七）社会保险；

（八）劳动保护、劳动条件和职业危害防护；

（九）法律、法规规定应当纳入劳动合同的其他事项。

劳动合同除前款规定的必备条款外，用人单位与劳动者可以约定试用期、培训、保守秘密、补充保险和福利待遇等其他事项。

第二十二条：用人单位为劳动者提供专项培训费用，对其进行专业技术培训的，可以与该劳动者订立协议，约定服务期。

劳动者违反服务期约定的，应当按照约定向用人单位支付违约金。违约金的数额不得超过用人单位提供的培训费用。用人单位要求劳动者支付的违约金不得超过服务期尚未履行部分所应分摊的培训费用。

用人单位与劳动者约定服务期的，不影响按照正常的工资调整机制提高劳动者在服务期期间的劳动报酬。

第二十三条：用人单位与劳动者可以在劳动合同中约定保守用人单位的商业秘密和与知识产权相关的保密事项。

对负有保密义务的劳动者，用人单位可以在劳动合同或者保密协议中与劳动者约定竞业限制条款，并约定在解除或者终止劳动合同后，在竞业限制期限内按月给予劳动者经济补偿。劳动者违反竞业限制约定的，应当按照约定向用人单位支付违约金。

第二十五条：除本法第二十二条和第二十三条规定的情形外，用人单位不得与劳动者约定由劳动者承担违约金。

第九十条：劳动者违反本法规定解除劳动合同，或者违反劳动合同中约定的保密义务或者竞业限制，给用人单位造成损失的，应当承担赔偿责任。

049　员工发生工伤事故时，企业需要做什么

结论：第一时间送医院，30天内向社保部门申请工伤认定。

分析：如果员工在工作过程中发生意外导致受伤，企业应该给予一定的赔偿，但有一定的程序：首先，发生工伤事故，企业应将员工及时送往医院进行救治；其次，在事故发生后，由单位或者员工个人向当地劳动部门进行申请工伤认定，确定工伤；再次，申请劳动能力鉴定，在员工治疗完毕或者达到一定医疗期之后，向市级劳动能力鉴定委员会申请工伤鉴定，判定伤残等级；最后，企业配合员工进行工伤理赔。

关联法律条文：《工伤保险条例》第十七条

第十七条：职工发生事故伤害或者按照职业病防治法规定被诊断、鉴定为职业病，所在单位应当自事故伤害发生之日或者被诊断、鉴定为职业病之日起 30 日内，向统筹地区社会保险行政部门提出工伤认定申请。遇有特殊情况，经报社会保险行政部门同意，申请时限可以适当延长。

用人单位未按前款规定提出工伤认定申请的，工伤职工或者其近亲属、工会组织在事故伤害发生之日或者被诊断、鉴定为职业病之日起 1 年内，可以直接向用人单位所在地统筹地区社会保险行政部门提出工伤认定申请。

按照本条第一款规定应当由省级社会保险行政部门进行工伤认定的事项，根据属地原则由用人单位所在地的设区的市级社会保险行政部门办理。

用人单位未在本条第一款规定的时限内提交工伤认定申请，在此期间发生符合本条例规定的工伤待遇等有关费用由该用人单位负担。

050　员工发生工伤事故时，企业应承担哪些项目的赔偿责任

结论：如企业购买有社保情况下，共三项赔偿项目需要企业承担：

一是职工治疗工伤期间的工资福利。停工留薪期内，用人单位不得解除或终止劳动关系。

二是五级、六级伤残职工按月领取的伤残津贴。用人单位应与其保留劳动关系，安排适当工作。难以安排工作的，由用人单位按月支付伤残津贴，不得低于当地最低工资标准。

三是职工因工致残被鉴定为五级至十级伤残的，劳动合同期满终止；或者职工本人提出解除劳动合同的，由用人单位向工伤职工支付一次性伤残就业补助金。

分析： 工伤索赔的赔偿项目有以下几种情况：

1. 造成一般伤害（未达到残疾）的赔偿项目

医疗费、伤者住院期间的伙食补助费、生活护理费、工伤期间的工资、交通食宿费。

2. 造成伤残的赔偿项目

医疗费、伤者住院期间的伙食补助费、生活护理费、工伤期间的工资、交通食宿费、辅助器具费、一次性伤残补助金、伤残津贴、一次性工伤医疗补助金、一次性伤残就业补助金。

3. 造成死亡的赔偿项目

丧葬补助金、一次性伤亡补助金、供养亲属抚恤金。

4. 职工下落不明的情况

职工外出或抢险救灾中下落不明的赔偿项目，要分不同情况而定。职工没有被宣告死亡的，其直系亲属可以获得的赔偿项目有：供养亲属抚恤金、一次性工亡补助金的 50%（生活有困难的）；职工被宣告死亡的，其直系亲属可以获得的赔偿项目有：

丧葬费、供养亲属抚恤金、一次性工亡补助金。

按照前款规定应当向省级劳动保障行政部门提出工伤认定申请的，根据属地原则应向用人单位所在地设区的市级劳动保障行政部门提出。用人单位未在规定的期限内提出工伤认定申请的，受伤害职工或者其直系亲属、工会组织在事故伤害发生之日或者被诊断、鉴定为职业病之日起1年内，可以直接按本办法第三条规定提出工伤认定申请。这就是说，未在规定的时间里进行工伤鉴定，可能丧失享受工伤待遇的权利，因此，应当在规定的时间里，由企业或职工家属到劳动保障行政部门进行工伤认定。

所以，公司对工伤职工需要承担以上的赔偿责任，依法购买工伤保险的，进行工伤赔偿时由保险基金支付相应的费用。未购买工伤保险的，该费用由用人单位承担。

关联法律条文：《社会保险法》第三十九条、《工伤保险条例》第三十三条。

《社会保险法》

第三十九条：因工伤发生的下列费用，按照国家规定由用人单位支付：

（一）治疗工伤期间的工资福利；

（二）五级、六级伤残职工按月领取的伤残津贴；

（三）终止或者解除劳动合同时，应当享受的一次性伤残就业补助金。

《工伤保险条例》

第三十三条：职工因工作遭受事故伤害或者患职业病需要暂

停工作接受工伤医疗的，在停工留薪期内，原工资福利待遇不变，由所在单位按月支付。

停工留薪期一般不超过 12 个月。伤情严重或者情况特殊，经设区的市级劳动能力鉴定委员会确认，可以适当延长，但延长不得超过 12 个月。工伤职工评定伤残等级后，停发原待遇，按照本章的有关规定享受伤残待遇。工伤职工在停工留薪期满后仍需治疗的，继续享受工伤医疗待遇。

生活不能自理的工伤职工在停工留薪期需要护理的，由所在单位负责。

第三部分

经营期间诉讼风险与注意事项篇

第六章　诉讼风险及注意事项

051　合同签订需要注意哪些事项

结论： 签订合同时，需考虑以下问题：

1. 合同目的是否合法；

2. 合同主体是否适格；

3. 合同义务能否履行；

4. 违约责任是否明确；

5. 其他事项是否完备。

分析： 合同签订时，应首先分析合同签订的目的是否合法，对于非法目的的合同，一般都会被认定为无效；其次要考虑合同的签约主体是否适格，有无签约的主体资格；接着要考虑签约后，就合同中约定的内容，能否全面正确履行，如果不能履行的话，违约责任是否明确，是否过高或过低；以及合同中是否写明了争议管辖方式及地点，是否写明了合同什么时候生效等问题。

关联法律条文：《民法典》第四百七十条、第四百九十七条、第五百条、第五百一十一条等

第四百七十条：合同的内容由当事人约定，一般包括下列条款：

（一）当事人的姓名或者名称和住所；

（二）标的；

（三）数量；

（四）质量；

（五）价款或者报酬；

（六）履行期限、地点和方式；

（七）违约责任；

（八）解决争议的方法。

当事人可以参照各类合同的示范文本订立合同。

第四百九十七条：有下列情形之一的，该格式条款无效：

（一）具有本法第一编第六章第三节和本法第五百零六条规定的无效情形；

（二）提供格式条款一方不合理地免除或者减轻其责任、加重对方责任、限制对方主要权利；

（三）提供格式条款一方排除对方主要权利。

第五百条：当事人在订立合同过程中有下列情形之一，造成对方损失的，应当承担赔偿责任：

（一）假借订立合同，恶意进行磋商；

（二）故意隐瞒与订立合同有关的重要事实或者提供虚假情况；

（三）有其他违背诚信原则的行为。

第五百一十条：合同生效后，当事人就质量、价款或者报酬、履行地点等内容没有约定或者约定不明确的，可以协议补充；不能达成补充协议的，按照合同相关条款或者交易习惯确定。

052 企业广告用语注意事项

结论：不得违反《广告法》的禁止性规定、不得出现限制性用语。

经典案例：（2018）豫 0821 行初 38 号——某市某汽车销售有限公司、某县工商行政管理局行政处罚一案。

案情简介：某汽车销售公司发布户外广告进行营销宣传行为，该县工商局认为，某汽车销售公司在发布广告中使用了绝对化语言，故对其进行了 20 万元的行政处罚。

裁判观点：某汽车销售公司发布的喷绘内容，是对其公司商品和所能提供的服务的一种推销手段，系广告的范畴。同时，因内容所含"店内拥有最标准的功能设施，最优的服务理念，最佳的管理体系，最精良的顶尖技术等"用语，违反《中华人民共和国广告法》第九条第（三）项的规定，某县工商行政管理局对该企业做出行政处罚合法。

分析： 广告是企业拓展市场的重要途径，在新的《广告法》实施之后，企业广告的限制性用语范围进一步扩大，较为熟悉的如"最高级""最佳"等词汇的使用。

企业在发布广告之前，应严格对照《广告法》要求，在能达到宣传要求的前提下，尽力避免使用绝对性词汇，杜绝出现禁止性词汇，最大限度减少因广告内容违反法律规定而遭受处罚。如对广告内容的合法性存有疑问，可就广告内容提前咨询管理部门。

关联法律条文：《广告法》第十二条、第十六条、第十七条、第十八条、第二十条、第二十一条、第二十二条，《消费者权益保护法》第四十五条

《广告法》

第十二条： 广告中涉及专利产品或者专利方法的，应当标明专利号和专利种类。未取得专利权的，不得在广告中谎称取得专利权。禁止使用未授予专利权的专利申请和已经终止、撤销、无效的专利作广告。

第十六条： 医疗、药品、医疗器械广告不得含有下列内容：（一）表示功效、安全性的断言或者保证；（二）说明治愈率或者有效率；（三）与其他药品、医疗器械的功效和安全性或者其他医疗机构比较；（四）利用广告代言人作推荐、证明；（五）法律、行政法规规定禁止的其他内容。药品广告的内容不得与国务

院药品监督管理部门批准的说明书不一致，并应当显著标明禁忌、不良反应。处方药广告应当显著标明"本广告仅供医学药学专业人士阅读"，非处方药广告应当显著标明"请按药品说明书或者在药师指导下购买和使用"。推荐给个人自用的医疗器械的广告，应当显著标明"请仔细阅读产品说明书或者在医务人员的指导下购买和使用"。医疗器械产品注册证明文件中有禁忌内容、注意事项的，广告中应当显著标明"禁忌内容或者注意事项详见说明书"。

第十七条：除医疗、药品、医疗器械广告外，禁止其他任何广告涉及疾病治疗功能，并不得使用医疗用语或者易使推销的商品与药品、医疗器械相混淆的用语。

第十八条：保健食品广告不得含有下列内容：（一）表示功效、安全性的断言或者保证；（二）涉及疾病预防、治疗功能；（三）声称或者暗示广告商品为保障健康所必需；（四）与药品、其他保健食品进行比较；（五）利用广告代言人作推荐、证明；（六）法律、行政法规规定禁止的其他内容。保健食品广告应当显著标明"本品不能代替药物"。

第二十条：禁止在大众传播媒介或者公共场所发布声称全部或者部分替代母乳的婴儿乳制品、饮料和其他食品广告。

第二十一条：农药、兽药、饲料和饲料添加剂广告不得含有下列内容：（一）表示功效、安全性的断言或者保证；（二）利用科研单位、学术机构、技术推广机构、行业协会或者专业人士、用户的名义或者形象作推荐、证明；（三）说明有效率；（四）违反安全使用规程的文字、语言或者画面；（五）法律、行政法规规定禁止的其他内容。

第二十二条：禁止在大众传播媒介或者公共场所、公共交通工具、户外发布烟草广告。禁止向未成年人发送任何形式的烟草广告。禁止利用其他商品或者服务的广告、公益广告，宣传烟草制品名称、商标、包装、装潢以及类似内容。烟草制品生产者或者销售者发布的迁址、更名、招聘等启事中，不得含有烟草制品名称、商标、包装、装潢以及类似内容。

《消费者权益保护法》

第四十五条：消费者因经营者利用虚假广告或者其他虚假宣传方式提供商品或者服务，其合法权益受到损害的，可以向经营者要求赔偿。广告经营者、发布者发布虚假广告的，消费者可以请求行政主管部门予以惩处。广告经营者、发布者不能提供经营者的真实名称、地址和有效联系方式的，应当承担赔偿责任。

广告经营者、发布者设计、制作、发布关系消费者生命健康商品或者服务的虚假广告，造成消费者损害的，应当与提供该商品或者服务的经营者承担连带责任。

社会团体或者其他组织、个人在关系消费者生命健康商品或者服务的虚假广告或者其他虚假宣传中向消费者推荐商品或者服务，造成消费者损害的，应当与提供该商品或者服务的经营者承担连带责任。

以上法律规定较为明了，读者阅读即可理解，不再详细解读。

053 保修与包修有什么区别

结论：包修不能收取成本费，保修可以收取成本费。

分析："保修"是经销商同消费者之间自行约定的、需要收取维修成本的售后服务，而"包修"是根据法律法规规定的无偿维修服务，是经销商应尽的义务。公司在对外签订合同时，一定要区分开"保修"与"包修"的区别，注意分清"保修"与"包修"自身所承担的责任和义务，以免日后引起消费纠纷。一字之差，可能造成的结果就是天壤之别。

关联法律条文：《部分商品修理更换退货责任规定》第七条、第八条、第九条、第十条、第十一条、第十二条、第十三条、第十四条、第十五条、第十六条、第十七条

第七条：生产者应当履行下列义务：

（一）明确三包方式。生产者自行设置或者指定修理单位的，必须随产品向消费者提供三包凭证、修理单位的名单、地址、联系电话等；

（二）向负责修理的销售者、修理者提供修理技术资料、合格的修理配件，负责培训，提供修理费用。保证在产品停产后五年内继续提供符合技术要求的零配件；

（三）妥善处理消费者直接或者间接的查询，并提供服务。

第八条：三包有效期自开具发票之日起计算，扣除因修理占用和无零配件待修的时间。

三包有效期内消费者凭发票及三包凭证办理修理、换货、退货。

第九条：产品自售出之日起 7 日内，发生性能故障，消费者可以选择退货、换货或修理。退货时，销售者应当按发票价格一次退清货款，然后依法向生产者、供货者追偿或者按购销合同办理。

第十条：产品自售出之日起 15 日内，发生性能故障，消费者可选择换货或者修理。换货时，销售者应当免费为消费者调换同型号同规格的产品，然后依法向生产者、供货者追偿或者按购销合同办理。

第十一条：在三包有效期内，修理两次，仍不能正常使用的产品，凭修理者提供的修理记录和证明，由销售者负责为消费者免费调换同型号同规格的产品或者按本规定第十三条的规定退货，然后依法向生产者、供货者追偿或者按购销合同办理。

第十二条：在三包有效期内，因生产者未供应零配件，自送修之日起超过 90 日未修好的，修理者应当在修理状况中注明，销售者凭此据免费为消费者调换同型号同规格产品。然后依法向生产者、供货者追偿或者按购销合同办理。

因修理者自身原因使修理期超过 30 日的，由其免费为消费者调换同型号同规格产品。费用由修理者承担。

第十三条：在三包有效期内，符合换货条件的，销售者因无同型号同规格产品，消费者不愿调换其他型号、规格产品而要求

退货的，销售者应当予以退货；有同型号同规格产品，消费者不愿调换而要求退货的，销售者应当予以退货，对已使用过的商品按本规定收取折旧费。

折旧费计算自开具发票之日起至退货之日止，其中应当扣除修理占用和待修的时间。

第十四条：换货时，凡属残次产品、不合格产品或者修理过的产品均不得提供给消费者。

换货后的三包有效期自换货之日起重新计算。由销售者在发票背面加盖更换章并提供新的三包凭证或者在三包凭证背面加盖更换章。

第十五条：在三包有效期内，除因消费者使用保管不当致使产品不能正常使用外，由修理者免费修理（包括材料费和工时费）。

对应当进行三包的大件产品，修理者应当提供合理的运输费用，然后依法向生产者或者销售者追偿，或者按合同办理。

第十六条：在三包有效期内，提倡销售者、修理者、生产者上门提供三包服务。

第十七条：属下列情况之一者，不实行三包，但是可以实行收费修理：

（一）消费者因使用、维护、保管不当造成损坏的；

（二）非承担三包修理者拆动造成损坏的；

（三）无三包凭证及有效发票的；

（四）三包凭证型号与修理产品型号不符或者涂改的；

（五）因不可抗拒力造成损坏的。

054　履行合同过程中如何保留证据

结论：变更要有书面记录，交流要有痕迹，避免出现口头约定。

分析：合同履行过程中，各方合同当事人会根据实际情况的变动提出对合同部分条款进行变更，但如果发生争议之后，提出变更的一方可能会对变更行为进行否认，认为是对方故意违约。因此，在对合同进行变更时，一定要签订书面的补充协议或要求提出变更的一方出具书面的要求，避免后期陷入纠纷。

在合同履行时，另一个问题就是对各方交流的结果无法准备的保留下来，笔者建议，可在合同中约定，关于合同履行内容如有任何疑问，需通过各方登记邮箱进行交接，除此之外的任何方式，合同当事人有权不予认可。这样做有两个好处，第一是每次的交流记录都能完整地保留下来，第二是在对一些文件进行送达时可直接电子送达，避免因送达是否成功引起争议。

关联法律条文：《民法典》第四百九十条、第五百四十三条、第五百四十四条

第四百九十条：当事人采用合同书形式订立合同的，自当事人均签名、盖章或者按指印时合同成立。在签名、盖章或者按指印之前，当事人一方已经履行主要义务，对方接受时，该合同成立。

法律、行政法规规定或者当事人约定合同应当采用书面形式

147

订立，当事人未采用书面形式但是一方已经履行主要义务，对方接受时，该合同成立。

第五百四十三条：当事人协商一致，可以变更合同。

第五百四十四条：当事人对合同变更的内容约定不明确的，推定为未变更。

055 违约金与赔偿金能否并用

结论：不能。

分析：1. 对于就不履行约定的违约金。如果说在合同法生效前，违约金和赔偿金可以并用，其目的主要在于充分保护受害方的合法权益，防止在判令违约方承担违约金后仍不能补偿受害方的损失的话，那么在合同法生效后，它的赔偿性就很明确了。尤其是在确定了违约金数额调整制度后，一方面，借助该制度完全可以避免上述情形的发生，因而已经没有必要规定违约金与赔偿金并用；另一方面，更为深层次的原因在于，合同法确定的违约责任制度，确定了它的补偿性，而否定它的惩罚性，从根本上决定了不管是要求违约方承担违约金还是赔偿金，其目的都不过是补偿受害方的实际损失，其性质属于赔偿金的预定。基于此，也决定了违约金与赔偿金不能并用。

2. 当事人就迟延履行约定的违约金。通说认为它是惩罚性违约金，理由是它不论这一迟延履行是否造成损失，都得承担违约金责任。认为它同样只具有赔偿属性，理由是：合同法另款规定，只不过是为了区别它和就不履行约定的违约金同实际履行在能否并用上的不同而已。因为约定不履行违约金的，因其赔偿性而替代了合同的实际履行；而约定迟延履行违约金的，却不能替代实际履行，并不是强调或表明这种情况下的违约金同其他情况下的违约金有着惩罚性与赔偿性的区别。

就迟延履行约定的违约金，性质上也是就迟延造成的损害赔偿的预定。关于违约金调整规则的约束，在违约金低于延迟造成的损失的，可以请求增加至实际损失；在违约金过高于因迟延履行造成的实际损失时，可以请求适当减少；在没有造成任何损失的情况下，违约金调整为零，不予赔偿。因此，违约金略高于实际损失，立法并不鼓励通过诉讼清算、削减。因此，就迟延履行约定的违约金性质上就是损害赔偿，同样不能同赔偿金并用。

关联法律条文：《民法典》第五百八十二条、第五百八十四条、第五百八十五条

第五百八十二条：履行不符合约定的，应当按照当事人的约定承担违约责任。对违约责任没有约定或者约定不明确，依据本法第五百一十条的规定仍不能确定的，受损害方根据标的的性质以及损失的大小，可以合理选择请求对方承担修理、重作、更换、退货、减少价款或者报酬等违约责任。

第五百八十四条：当事人一方不履行合同义务或者履行合同义务不符合约定，造成对方损失的，损失赔偿额应当相当于因违约所造成的损失，包括合同履行后可以获得的利益；但是，不得

超过违约一方订立合同时预见到或者应当预见到的因违约可能造成的损失。

第五百八十五条：当事人可以约定一方违约时应当根据违约情况向对方支付一定数额的违约金，也可以约定因违约产生的损失赔偿额的计算方法。

约定的违约金低于造成的损失的，人民法院或者仲裁机构可以根据当事人的请求予以增加；约定的违约金过分高于造成的损失的，人民法院或者仲裁机构可以根据当事人的请求予以适当减少。

当事人就迟延履行约定违约金的，违约方支付违约金后，还应当履行债务。

056 违约责任如何约定更有利

结论：1. 违约责任明确；

2. 将间接损失计入违约责任。

分析：一般仅约定违约方承担违约责任时，这种说法过于笼统，真正发生纠纷时，不具有可操作性。可以在违约责任中约定违约责任的计算标准以及损失无法计算时违约金金额，同时，鉴于法律规定的违约责任一般只包括因违约行为造成的直接损失及可期待利益，对维护权利的支出这一间接费用，法律并未明确规定（但法律赋予了当事人自行约定的权利）。

根据笔者的经验，可对违约责任进行如下约定：一方违反本协议约定任何事项时，守约方除要求违约方赔偿全部直接损失外，仍可要求违约方赔偿守约方为实现权利支出的律师费、鉴定费、评估费、差旅费等全部间接费用。

这样一来，能明确的确定违约方的责任范围，同时具有较高的可操作性及威慑力。

关联法律条文：《民法典》第五百八十二条、第五百八十四条、第五百八十五条

第五百八十二条：履行不符合约定的，应当按照当事人的约定承担违约责任。对违约责任没有约定或者约定不明确，依据本法第五百一十条的规定仍不能确定的，受损害方根据标的的性质以及损失的大小，可以合理选择请求对方承担修理、重作、更换、退货、减少价款或者报酬等违约责任。

第五百八十四条：当事人一方不履行合同义务或者履行合同义务不符合约定，造成对方损失的，损失赔偿额应当相当于因违约所造成的损失，包括合同履行后可以获得的利益；但是，不得超过违约一方订立合同时预见到或者应当预见到的因违约可能造成的损失。

第五百八十五条：当事人可以约定一方违约时应当根据违约情况向对方支付一定数额的违约金，也可以约定因违约产生的损失赔偿额的计算方法。

约定的违约金低于造成的损失的，人民法院或者仲裁机构可以根据当事人的请求予以增加；约定的违约金过分高于造成的损失的，人民法院或者仲裁机构可以根据当事人的请求予以适当减少。

当事人就迟延履行约定违约金的，违约方支付违约金后，还应当履行债务。

057　合同内同时出现一般生效条款与附条件生效条款时，应以何条款作为生效依据

结论：附生效条件的条款作为合同生效依据。

分析：合同一般自成立时生效，但有两个例外：附条件合同和附期限合同。实践中，如合同中同时约定了两个合同生效条件，一般应结合合同内容认定哪个约定更符合合同订立的目的作为合同的生效条件。

也可以换种思路，合同自签字之日起生效属一般规范，附条件或附期限生效为特殊约定，一般遵循特别约定优先普通约定的法律适用，所以，在起草合同时，一定注意不习惯性的写上合同自双方或多方签字后成立，要具体情况，具体对待。

关联法律条文：《民法典》第一百五十八条、第一百五十九条、第一百六十条、第五百零二条

第一百五十八条：民事法律行为可以附条件，但是根据其性质不得附条件的除外。附生效条件的民事法律行为，自条件成就时生效。附解除条件的民事法律行为，自条件成就时失效。

第一百五十九条：附条件的民事法律行为，当事人为自己的利益不正当地阻止条件成就的，视为条件已经成就；不正当地促成条件成就的，视为条件不成就。

第一百六十条：民事法律行为可以附期限，但是根据其性质不得附期限的除外。附生效期限的民事法律行为，自期限届至时

生效。附终止期限的民事法律行为，自期限届满时失效。

第五百零二条：依法成立的合同，自成立时生效，但是法律另有规定或者当事人另有约定的除外。

依照法律、行政法规的规定，合同应当办理批准等手续的，依照其规定。未办理批准等手续影响合同生效的，不影响合同中履行报批等义务条款以及相关条款的效力。应当办理申请批准等手续的当事人未履行义务的，对方可以请求其承担违反该义务的责任。

依照法律、行政法规的规定，合同的变更、转让、解除等情形应当办理批准等手续的，适用前款规定。

058　选择法院管辖还是仲裁管辖

结论：建议选择法院管辖。

分析：仲裁相较于法院审理具有程序简单，法律文书生效快的特点，但凡事都有两面性，因仲裁裁决作出时即生效，除非有符合仲裁法第五十八条规定的情形，且在 6 个月内申请法院撤销裁决外，否则即使对仲裁结果不服，也无任何权利途径进行救济。换句话说，如符合撤销裁决书条件，申请法院对原裁决进行撤销，也相当于重新审理一次，造成诉讼时间的浪费。

因此，建议直接选择法院管辖，如对一审的结果不服，可直接依据法律规定申请二审，避免对仲裁结果不服后丧失救济途径或浪费时间。

关联法律条文：《民事诉讼法》第一百六十二条、《仲裁法》第五十七条、第五十八条

《民事诉讼法》

第一百六十二条：基层人民法院和它派出的法庭审理符合本法第一百五十七条第一款规定的简单的民事案件，标的额为各省、自治区、直辖市上年度就业人员年平均工资百分之三十以下的，实行一审终审。

《仲裁法》

第五十七条：裁决书自作出之日起发生法律效力。

第五十八条：当事人提出证据证明裁决有下列情形之一的，可以向仲裁委员会所在地的中级人民法院申请撤销裁决：

（一）没有仲裁协议的；

（二）裁决的事项不属于仲裁协议的范围或者仲裁委员会无权仲裁的；

（三）仲裁庭的组成或者仲裁的程序违反法定程序的；

（四）裁决所根据的证据是伪造的；

（五）对方当事人隐瞒了足以影响公正裁决的证据的；

（六）仲裁员在仲裁该案时有索贿受贿，徇私舞弊，枉法裁决行为的。

人民法院经组成合议庭审查核实裁决有前款规定情形之一的，应当裁定撤销。

人民法院认定该裁决违背社会公共利益的，应当裁定撤销。

第四部分

公司设立、管理常用法律文书样本篇

本篇各文书模板仅做参考，建议使用之前咨询律师或法务，根据实际情况作出修改，笔者不对直接套用文书模板发生的损失承担任何责任。

一、发起人协议（此文为模板，使用前请根据实际情况修改）

设立有限责任公司合同

合同编号：_____

甲方：_____

身份证号码：_____

通讯地址：_____

电话或微信号：_____

乙方：_____

身份证号码：_____

通讯地址：_____

电话或微信号：_____

丙方：_____

身份证号码：_____

通讯地址：_____

电话或微信号：_____

为促成合作共赢，合作各方经充分友好协商，一致同意共同出资设立_____有限公司（以下简称"本公司"），各方依据《中华人民共和国公司法》等有关法律法规，签订如下合同，作为各方发起行为的要求，以资共同遵守。

第一条　公司概况

申请设立的有限责任公司名称拟定为"＿＿＿＿＿＿有限公司"（以下简称公司），公司名称以公司登记机关核准的为准。

公司住所拟设在＿＿＿＿市＿＿＿＿区＿＿＿＿路＿＿＿＿号＿＿＿＿楼（房）。

本公司的组织形式为：有限责任公司。

责任承担：甲、乙、丙方以各自的出资额为限对公司承担责任，公司以其全部资产对公司的债务承担责任。

第二条　公司经营范围

本公司的经营范围为：＿＿＿＿＿＿＿＿＿＿＿＿。

第三条　注册资本

本公司的注册资本为人民币＿＿＿＿元整。

甲方：认缴出资额为＿＿＿＿元，以＿＿＿＿方式出资，占注册资本的＿＿＿＿％；

乙方：认缴出资额为＿＿＿＿元，以＿＿＿＿方式出资，占注册资本的＿＿＿＿％；

丙方：认缴出资额为＿＿＿＿元，以＿＿＿＿方式出资，占注册资本的＿＿＿＿％。

第四条　出资时间

股东应当按照公司章程约定，按期足额缴纳公司章程中规定的各自所认缴的出资额。股东以货币出资的，应当将货币出资足额存入有限责任公司在银行开设的账户；以非货币财产出资的，应当依法办理其财产权的转移手续。

股东未按照前款规定时间、方式、金额足额缴纳出资的，除应当向公司足额缴纳外，还应当向已按期足额缴纳出资的股东承担违约责任。

第五条　出资的转让

合同任何一方欲转让其部分或全部出资额时，须经其他股东同意。任何一方转让其部分或全部出资额时，在同等条件下，其他股东有优先购买权。

股东向股东以外的人转让股权，应当经其他股东过半数同意。股东应就其股权转让事项书面通知其他股东征求同意，其他股东自接到书面通知之日起满三十日未答复的，视为同意转让。其他股东半数以上不同意转让的，不同意的股东应当购买该转让的股权；不购买的，视为同意转让。经股东同意转让的股权，在同等条件下，其他股东有优先购买权。两个以上股东主张行使优先购买权的，协商确定各自的购买比例；协商不成的，按照转让时各自的出资比例行使优先购买权。

公司章程对股权转让另有规定的，从其规定。

第六条　公司登记

各方同意由_____（指股东）为代表或者共同委托的代理人作为申请人，向_____机关申请公司设立登记。

第七条　各发起人的权利

1. 签署本公司设立过程中的法律文件。

2. 申请设立本公司，随时了解本公司的设立工作进展情况。

3. 监督、审核设立期间设立费用的使用。

4. 推举本公司的执行董事候选人名单，各方提出的执行董事候选人经本公司股东会按本公司章程的规定审议通过后选举产生（设立董事会时，董事会由各方按照此程序产生）。

5. 提出本公司的监事候选人名单，经公司股东会依照本公司章程的规定审议程序通过后选举产生。

6. 在本公司成立后，按照国家法律和本公司章程的有关规定，行使股东应享有的其他权利。

7. 各方自行决定是否由本合同之外第三方代持股权，但代持时，需告知合同其与各方。

第八条　发起人的义务

1. 根据登记机关的要求，及时提供本公司申请设立所必需的文件材料。

2. 在本公司设立的过程中，由于发起人过失造成公司受到损害的，发起人对本公司承担赔偿责任，对其他发起人造成损失时，同时承担对其他发起人损失进行赔偿。

3. 发起人未能按照本协议约定或章程规定按时缴纳出资的，除向本公司补足其应缴付的出资外，还应对因其未及时出资的行为给其他发起人造成的损失承担赔偿责任，公司章程另有规定，从其规定。

4. 本公司成立后，发起人均不得抽逃出资。

5. 其他按照国家法律和本公司章程的有关规定，发起人应承担的义务。

第九条 费用承担

1. 在公司设立成功后，同意将因设立本公司所发生的全部正当费用列入本公司的开办费用，由成立后的公司承担，上述费用以正式发票（或收据）数额确定金额为准。

2. 因各种原因导致申请设立公司已不能体现股东原本意愿时，经全体股东一致同意，可停止申请设立公司，已花费的费用由各方按公司认缴的出资比例进行分摊。

第十条 合营期限

1. 暂拟定公司经营期限为_____年。自营业执照签发之日起算。

2. 合营期满或提前终止合同时，甲乙丙各方应依法对公司进行清算。清算后的财产或债权债务，按甲、乙、丙各方按照实缴投资比例进行分配。

第十一条 违约责任

1. 合同任何一方未按合同规定依期如数提交出资额时，每逾期一日，违约方须向其他守约方支付全部应缴出资额的_____%作为违约金。如逾期三个月仍未提交的，视为违约方放弃履行合同义务，其他方有权解除合同，解除合同后，违约方仍应向守约方支付违约金。

2. 由于一方过错，造成本合同不能履行或不能完全履行时，由过错方承担其行为给公司造成的损失。

第十二条 声明和保证

本发起人协议的签署各方自愿作出如下保证和声明：

（1）发起人各方均为完全民事行为能力的自然人，均拥有合法的权利或授权签订本合同。

（2）发起人各方投入本公司的资金或其他资产，均为各发起人所拥有的合法财产，且无任何权利瑕疵。

（3）发起人各方提交给本公司的文件、资料等均真实、准确、有效。

第十三条　保密

1. 合同各方对因讨论、签订、执行本合同过程中所获悉的属于其他方的且无法自公开渠道获得的文件及资料（包括但不限于商业秘密、公司经营计划、技术信息、财务信息、经营活动、经营信息及其他商业秘密）予以保密。未取得该资料和文件的原提供方书面同意，其他方不得向任何第三方泄露该商业秘密的全部或部分内容。

2. 法律、法规另有规定的除外。

3. 保密期限_____年。

第十四条　通知

1. 本合同履行期间一方需要向另一方发出的全部通知以及各方的文件往来及与本合同有关的通知和要求等，必须用书面或可记载复查的形式，可采用_____（QQ、微信、书信、传真、短信、当面送交等）方式传递。

以上各方式无法送达的（拒绝签收不视为无法送达），方可采取公告送达的方式。

2. 各方通讯地址同合同开始处确认的地址。

3. 一方变更通讯地址，应自变更之日起_____日内，以书面形式通知其他合同各方；否则，由未通知方承担由因此而引起的全部责任，由变更方自行承担。

4. 合同各方当事人通过约定送达地址邮寄通知、传票、判决书、裁定书等文书时，均视为收件人能成功收到。

第十五条　合同的变更

1. 本合同履行期间，如发生特殊情况，甲、乙、丙任何一方认为需变更本合同的，要求变更的一方应及时书面通知其他方，征得全部其他方同意后，各方可在规定的时限内（书面通知发出_____天内）签订书面变更协议，该变更协议将成为合同不可分割的部分。

2. 未经各方共同同意，任何一方无权变更本合同，否则，由此造成对方的全部损失，由责任方承担。

第十六条　争议的处理

1. 本合同在履行过程中如发生争议，合同各方可协商解决，也可由有关部门调解；协商或调解不成的，按下列第____种方式解决

（1）提交_____仲裁委员会仲裁；

（2）依法公司所在地向人民法院起诉。

第十七条　不可抗力

1. 如果本合同任何一方因遭受不可抗力事件影响导致未能履行其在本合同下的全部或部分义务，该义务的履行在不可抗力消灭之前可以中止。

2. 受到不可抗力事件影响的一方应及时通过书面形式将不可抗力事件的发生通知其与各方，并在不可抗力事件发生后＿＿＿日内向其与各方提供关于此种不可抗力事件及其持续时间的适当证据及合同不能履行或者需要延期履行的书面资料。

3. 不可抗力事件发生后，各方应及时协商决定如何执行本合同。不可抗力事件或其影响终止或消除后，各方须立即恢复履行各自在本合同项下的各项义务。

任何一方迟延履行后发生不可抗力事件的，不能免除相应责任。

4. 本合同所称的"不可抗力"是指受影响一方不能合理控制、无法预料或即使可预料到也不可避免、无法克服的事件，并于本合同签订日之后出现的，使该方对本合同全部或部分的履行在客观上成为不可能或不实际的任何事件。

此等事件包括但不限于自然灾害如水灾、台风、地震，以及政府行为或法律规定等。

第十八条　补充与附件

本合同未尽事宜，各方依照有关法律、法规执行，法律、法规无具体规定的，甲、乙、丙各方可以达成书面补充合同。本合同的附件和补充合同均为本合同不可分割的组成部分，与本合同具有同等的法律效力。

第十九条　合同的效力

1. 本合同自各方或各方法定代表人或其授权代表人签字之日起生效。

2. 本协议一式_____份，甲方、乙方、丙方各_____份，具有同等法律效力。

3. 本合同的附件和补充合同（如有）均为本合同不可分割的组成部分，与本合同具有同等的法律效力。

甲方（盖章）：_____　　乙方（盖章）：_____

法定代表人（签字）：_____　　法定代表人（签字）：_____

委托代理人（签字）：_____　　委托代理人（签字）：_____

签订地点：_____　　　　签订地点：_____

_____年_____月_____日　　_____年_____月_____日

丙方（盖章）：_____

法定代表人（签字）：_____

委托代理人（签字）：_____

签订地点：_____

_____年_____月_____日

二、合伙协议（此文为模板，使用前请根据实际情况修改）

合伙协议

甲方：＿＿＿＿＿＿身份证号：＿＿＿＿＿＿＿

乙方：＿＿＿＿＿＿身份证号：＿＿＿＿＿＿＿

甲、乙双方本着合作共赢、团结合作的精神，经友好协商，就共同设立××合伙组织经营×××事宜达成如下合伙协议：

第一条　合伙宗旨

各合伙人利用自身积累的经营、管理经验和人脉关系，共同经营×××，使合伙人通过合法的方式，创造价值，获得经济利益。

第二条　合伙组织名称、合伙经营项目

合伙组织（企业）名称：＿＿＿＿＿＿＿＿＿＿＿＿。

合伙经营项目：＿＿＿＿＿＿＿＿＿＿＿＿。

第三条　合伙期限

自＿＿＿＿＿＿＿开始至＿＿＿＿＿＿＿为止。

第四条　合伙组织财产份额分配

各合伙人确认各自占有的合伙组织财产份额为：

甲方：＿＿＿＿＿＿＿＿＿＿＿＿；

乙方：＿＿＿＿＿＿＿＿＿＿＿＿。

第五条　工资、盈余分配与债务承担

1. 工资标准：合伙组织经营期间，各合伙人工资为_____。如后期合伙经营效益较好，利润丰厚，年底将根据各合伙人贡献程度发放奖金。

2. 盈余分配：去除合伙组织全部的经营成本（日常开支、工资、奖金、需缴纳的税费）之后的收入为净利润——合伙组织盈余，按各合伙人占有的合伙组织财产比例为依据分配份额。

3. 债务承担：合伙组织经营过程中如有债务产生，合伙债务先由合伙财产偿还，合伙财产不足以清偿合伙债务时，以各合伙人占有的合伙组织财产份额为依据，按比例承担，如各合伙人承担债务超过该比例，可向其他合伙人追偿。

第六条　除名退伙、出资的转让

（一）除名退伙。合伙人有下列情形之一的，经其他合伙人一致同意，可以决议将其除名：

（1）个人丧失偿债能力（拒不承担合伙债务，视为丧失偿债能力）；

（2）未依照协议约定时间、金额或后期各合伙人的一致决定内容履行出资义务；

（3）因故意或重大过失给合伙组织造成直接经济损失超过　万元时；

（4）执行合伙组织事务时有不正当或违反法律规定的行为；

（5）合伙人有违反本协议约定任一或全部禁止行为的。

对合伙人的除名决议或决定应书面通知被除名人。被除名人自接到除名通知之日起，除名生效，被除名人退伙。

合伙人被除名退伙后，即视为放弃其在该合伙组织中占有的财产份额，并不再参与本年度合伙组织利润盈余分配，其他合伙人即自动拥有该财产份额，但不免除被除名合伙人赔偿其行为对其他合伙人造成的损失。

（二）合伙组织财产份额的转让

合伙期间，未经全体合伙人书面同意，任一合伙人均不得随意转让其在合伙组织中的全部或部分财产份额。如经其他合伙人书面同意该合伙人向合伙人以外的第三人转让，第三人应按新入伙对待，新入伙是合伙人责任承担范围参照法律规定。合伙人以外的第三人受让合伙组织财产份额的，经修改合伙协议方可成为合伙组织的合伙人。

第七条 合伙人会议、合伙负责人及合伙事务执行

（一）合伙人会议制度

1. 召集：合伙人定期会议由合伙事务执行人_____负责召集和主持，合伙负责人可根据情况需要决定召开合伙人临时会议；

2. 定期会议时间：一般情况下每月一次，召开时间为每月月底最后一天；

3. 表决权：每个合伙人在合伙人会议中均享有表决权，除本协议另有约定外，重大事项决定应由占全部合伙组织财产份额比例四分之三以上的合伙人同意方可通过，一般事项决定由占全部合伙组织财产份额比例二分之一以上的合伙人同意即可；

4. 重大事项：须经合伙人会议中占全部合伙组织财产份额比

例四分之三以上的合伙人同意方可通过的重大事项是指：

（1）推举或更换合伙事务执行人；

（2）增加、减少经营种类或调整、转换经营项目，扩展业务；

（3）对各合伙人占有合伙组织财产份额和利润分配比例进行适当调整；

（4）决定或调整合伙组织的内部机构设置和财务收支计划；

（5）决定或调整合伙组织的经营价格和工资、奖金、福利制度。

5. 其他工作会议：

（1）合伙事务执行人每月主持召开一次全体合伙人及合伙组织主管职员参加的工作会议，符合出席条件人员自愿不出席时正常举行；

（2）合伙事务执行人每半年主持召开一次全体合伙人及合伙组织全体职员参加的工作会议，符合出席条件人员自愿不出席时正常举行；

（3）业务经理每月主持召开一次有下属职员参加的工作会议。

（二）经全体合伙人决定，委托＿＿＿＿＿＿＿＿为合伙事务执行人，其权限为：

1. 召集主持合伙人会议，对合伙组织的一般事项可以享有最后的决定权，一年不得超过 5 次；

2. 对外以合伙组织的名义开展业务，订立合同；

3. 对其他合伙人是否依照合伙人会议决定执行合伙事务的情况进行检查监督，根据合伙人会议决定任免或调整合伙人的职务及负责事项；

4. 在合伙人会议中提名出任或任免合伙组织的业务经理，并决定业务经理所应享有的报酬。

（三）经全体合伙人决定，委托＿＿＿＿＿＿担任合伙内部行政事务的负责人，负责合伙组织的内部经营和管理。其权限为：

1. 组织、协调各合伙人实施合伙人决议；

2. 对合伙组织的经营活动进行全面日常管理；

3. 制定合伙组织的内部管理制度并报经合伙人会议同意；

4. 初步制定合伙组织的内部机构设置方案及员工奖惩激励制度并报经合伙人会议同意；

5. 提请聘任或者解聘合伙组织的业务经理并报经合伙人会议同意；

6. 审核现金收付凭证及日常财务开支情况，并对存疑部分要求财务人员作出说明；

7. 合伙人会议授予的其他权限。

（四）经全体合伙人决定，委托＿＿＿＿＿＿担任合伙组织的财务、后勤负责人，并协助其他合伙人参与合伙组织的日常经营和管理。

1. 对合伙事务执行人负责，主持及管理合伙组织的日常财务、后勤预算等工作；

2. 制定合伙组织的财务制度，检查监督财务制度的执行，编制合伙组织的财务收支计划，并及时向其他合伙人通报财务计划执行情况；

3. 督促、监督合伙组织相关部门合理使用资金，对合伙组织的年度经营成本及利润数额进行预测，并形成书面预测报告，供全体合伙人会议决策参考；

4. 初步拟定财务机构的设置方案及财务人员的岗位职责；

5. 负责合伙组织人事档案、财务档案管理。对相关资料（如人事资料、文件、会计凭证、原始账簿、报表）进行整理、收集和立卷归档，并按规定手续报请销毁或存档；

6. 拟定合伙组织产品的经营价格及员工工资、奖金、福利制度，管理营业发票；

7. 管理合伙组织现金流动及其他资金往来，保证合伙组织账目清楚（真实）、账实相符；

8. 合伙人会议授予的其他权限。

第八条 合伙人的权利和义务

（一）合伙人的权利：

1. 参加合伙人会议，并对合伙事务的执行进行监督；

2. 合伙组织的利润分配权；

3. 经全体合伙人书面同意，享有退伙的权利。

（二）合伙人的义务：

1. 按照合伙协议的约定维护合伙组织财产的统一；

2. 按照占合伙组织财产份额分担合伙经营损失的债务；

3. 为合伙组织对外债务承担连带责任。

第九条　禁止行为

（一）未经本合伙协议或合伙人会议授权，禁止任何合伙人或合伙人近亲属私自以合伙组织名义进行业务活动，私自进行业务获得利益归全体合伙人，造成的损失由该合伙人个人进行赔偿；

（二）禁止合伙人或合伙人近亲属参与经营与本合伙项目相似或有竞争的业务，如违反规定经营，应向本合伙组织支付前两年内经营所得利润最高月份利润（或平均利润）3 倍的违约金；

（三）除合伙协议另有约定或者经全体合伙人同意外，合伙人或合伙人近亲属不得同本合伙组织进行交易，如有违反，交易所得利益归合伙组织所有，给合伙组织造成的损失应该双倍赔偿；

（四）合伙人或合伙人近亲属不得从事其他可能损害本合伙组织利益的活动。

第十条　违约责任

（一）合伙人未经其他合伙人一致书面同意而向合伙协议之外第三人转让其财产份额的，如果其他合伙人不愿接纳受让人为新的合伙人，可按退伙处理，转让的合伙人应赔偿其他合伙人因此而造成的全部损失；

（二）合伙人私自以其在合伙组织中的财产份额出质的，其行为无效，由此给其他合伙人造成损失的，该合伙人承担全部赔偿责任；

（三）合伙人严重违反本协议或因重大过失导致合伙组织解散的，过错一方合伙人应当对其他合伙人承担赔偿责任；

第十一条　争议解决方式

凡因本协议或与本协议有关的一切争议，合伙人之间应先共同协商，如协商不成，提交合伙组织所在地人民法院管辖。

第十二条　其他

（一）经协商一致，合伙人可以修改本协议或对未尽事宜进行补充约定；补充、修改内容与本协议相冲突的，以补充、修改后的内容为准；

（二）本协议一份七页，各合伙人各执一份；

（三）本协议经全体合伙人签名、盖章后生效。

全体合伙人签章处：

甲方：_____　　　　乙方：_____

签约时间：_____年_____月_____日

三、股权代持协议（此文为模板，使用前请根据实际情况修改）

股权代持协议（简单版）

本协议由以下双方于　　年　月　日在　　　共同签署。

委托方：　　　　　　　　（简称甲方）

身份证号码：

受让方：　　　　　　　（简称乙方）

身份证号码：

甲、乙双方本着平等互利的原则，经友好协商，现根据《中华人民共和国公司法》《中华人民共和国民法典》等有关法律之规定，就甲方自愿委托乙方代为持有_____公司股权事宜达成协议如下，以兹共同遵照执行：

第一条　委托内容

甲方自愿委托乙方作为自己对××公司（以下简称"公司"）股权的名义持有人，乙方愿意接受甲方的委托，并代为行使公司章程及法律规定的股东权利，代持股份份额为　%。

第二条　委托权限

甲方委托乙方代为行使的权利包括：

1. 同意乙方以自己的名义将受托行使的代持股权在公司出具的股东名册上显名；

2. 以乙方的名义将受托行使的代持股权归属在工商机关予以登记;

3. 以股东身份参与相应活动,如出席股东会;

4. 代为收取、保管应得的股息或红利;

5. 出席股东会,根据甲方的指示就待表决事项行使表决权;

6. 其他根据《公司法》规定及公司章程约定授予股东的其他权利。

第三条 甲方的权利与义务

1. 甲方作为代持股份的实际拥有者,对公司享有实际的股东权利并有权获得相应的投资收益,承担投资风险。

2. 甲方作为代持股份的实际所有人,有权依据本协议对乙方不适当的受托行为进行监督与纠正,但在恢复显名之前不能随意干预公司的正常经营活动。

3. 甲方认为乙方不能诚实履行受托义务时,甲方可以解除该协议,但因解除行为对乙方造成损失时,需对乙方的损失进行赔偿。

第四条 乙方的权利与义务

1. 乙方仅享有以自身名义代甲方持有该代持股份所形成的股东权益的权利,而不对该出资所形成的股东权益享有任何收益权或处置权(包括但不限于股东权益的转让、质押、划转等处置行为)。

2. 未经甲方书面同意,乙方不得另行转委托第三方持有上述代持股份及其股东权益或向第三方转让任何因代持上述股份享有的权利。

3. 作为公司的名义股东，乙方承诺其行使所持有的股东权利时受到本协议内容的限制。

4. 乙方在以股东身份参与公司经营管理过程中需要行使表决权时，应取得甲方书面授权。在未获得甲方书面授权的条件下，乙方不得对其所持有的代持股份及其所有收益进行转让、处分或设置任何形式的担保，也不得实施任何可能损害甲方利益的行为。

5. 乙方承诺将其未来所收到的因代持股份所产生的任何全部投资收益（包括但不限于现金股息、红利或任何其他收益分配）均于收到之日起 7 日内全部转交给甲方；在甲方提出拟向公司之股东或股东以外的人转让代持股份时，乙方必须无偿对此提供必要的协助及便利，不得以任何理由推诿。

第五条　委托持股费用

乙方受甲方之委托代持股份期间，收取代持报酬　　元，于每年　　月　　日之前支付。

第六条　委托持股期间

甲方委托乙方代持股份的期间自本协议生效开始，至一方或双方要求解除本协议时止。

第七条　争议的解决

凡因履行本协议所发生的争议，甲、乙双方应友好协商解决，协商不能解决的，任一方均有权将争议提请公司注册地人民法院诉讼解决。

第八条　其他事项

1. 本协议一式两份，协议双方各持一份，具有同等法律效力。

2. 本协议自甲、乙双方签署后生效。

（以下无正文）

甲方（签名）：

乙方（签名）：

其他股东对以上股权代持事宜均已知晓，并无异议。

股东（签名）：

　　　　年　　　月　　　日

四、章程（此文为模板，使用前请根据实际情况修改）

××有限责任公司章程

第一章　总　则

第一条　为明确公司性质及股东、高级管理人员权利义务，规范本公司的组织和行为，为保护公司、股东和债权人的合法权益，根据《中华人民共和国公司法》《公司登记管理条例》，各股东经协商一致制定本章程。

第二条　本有限责任公司（以下统称"公司"）依据法律、法规和本章程具体规定，依法开展经营活动。

第三条　公司的宗旨和主要任务是促进市场发展，改变生活。通过合理有效地利用股东投入到公司的财产，使其创造出最佳经济效益，目的是发展经济，为国家提供税利，为股东奉献投资效益。

第四条　公司经登记机关核准登记，取得法人资格。

第二章　公司名称和住所

第五条　公司正式名称：

第六条　公司注册地址：

第三章　公司经营范围

第七条　公司经营范围初步核定为：＿＿＿＿＿＿＿＿＿＿＿＿

（公司经营范围最终以工商部门核定为准）。

第四章　公司注册资本

第八条　公司的注册资本为人民币　　万元。

第九条　公司的注册资本由＿＿＿＿＿＿，出资方式为货币。各股东在本章程制定时均未实缴注册资本金。

第十条　公司注册资本中无工业产权、非专利技术、土地使用权投资作价。

第五章　股东的权利和义务

第十一条　公司股东及股权份额

1.　　　　享有　　％股份；

2.　　　　享有　　％股份；

3.　　　　享有　　％股份；

4.　　　　享有　　％股份。

第十二条　公司股东，无论是否实缴全部注册资本金，均依法享有下列权利：

（一）主张分配红利；

（二）优先购买其他股东转让的全部或部分出资；

（三）股东大会上的表决；

（四）依法及公司章程规定向现有股东之外人员转让其出资；

（五）查阅公司章程、股东大会会议记录和财务会计账目，监督公司的生产经营和财务管理，并提出建议或质询；

（六）推选或被推选担任执行董事、监事及高级管理人员（法律、法规另有规定的除外）；

（七）在公司清算时，对公司剩余偿还应付债务后的财产按股份比例分享；

（八）提议罢免公司执行董事或者经理，并交由股东大会进行表决；

（九）在股东去世后，其法定继承人享有选择继承股权或者与股权相应价款的权利；

（十）法律、法规和本章程规定享有的其他权利。

第十三条　公司股东承担下列义务：

（一）遵守本章程，执行股东大会决议；

（二）依其所认购出资额和出资方式按期缴纳股金；

（三）法律、法规及本章程规定应承担的其他义务。

第十四条　公司设置股东名册，记载下列事项：

（一）股东的姓名或名称、住所、出资方式、出资时间、出资数额；

（二）登记日期为股东身份取得的日期；

（三）其他有关事项。

第六章　股东出资方式和出资额

第十五条　公司股东出资方式和出资额如下：

序号	股东姓名或名称	证件名称	证件号码	出资额	出资方式	出资时间

第十六条　公司经公司登记机关登记注册后，股东不得抽回投资。

第十七条　公司有下列情形之一的，可以增加注册资本：

（一）股东增加投资；

（二）公司盈利；

（三）其他原因股东认为需要增加注册资本。

第十八条　注册资本的增加，股东可以进行协商对认购比例进行认定，协商不成，按照股份比例认购新增资本。

第十九条　公司减少注册资本只能是改变经营范围或经营亏损。

第二十条　公司减少注册资本时，公司应当自作出减少注册资本决议之日起十日内通知债权人，并于四十五日内在报纸上公告。债权人自接到通知书之日起三十日内，未接到通知书的自公告之日起四十五内，有权要求公司清偿债务或者提供相应的担保。

第七章　股东转让出资的条件

第二十一条　股东之间可以相互转让其出资。股东向股东以外的人转让其出资时，须经全体股东所持表决权过公司半数以上表决权同意。不同意转让的股东应当购买该股东转让的出资，否则视为同意。不同意转让股东有多个的，由不同意转让的股东按照自己所持股份收购。

第二十二条　股东依法转让其出资后，公司重新编制新的股东名册，并向工商局备案。

第八章　公司的机构及其产生办法、职权、议事规则

第二十三条　公司股东会议按股东出资比例行使表决权，股东会是公司的权力机构，依照法律、法规和公司章程行使职权。

第二十四条　股东会分为定期会和临时会。

第二十五条　股东定期会议每年至少召开一次，于每年1月4日至5日之间举行。

第二十六条　有下列情形之一的，应当召开股东临时会：

（1）代表五分之一以上表决权股东提议时；

（2）执行董事认为必要时；

（3）监事认为必要时；

（4）公司将要进行的项目资金占注册资本三分之一以上的。

第二十七条　公司召开股东会，于会议召开十五日以前通知全体股东。通知以书面形式或其他可重复查阅方式发送，并载明会议的时间、地点、内容及其他有关事项。

第二十八条　股东会行使下列职权：

（1）决定公司的经营方针和投资计划；

（2）选举和更换执行董事，决定有关执行董事的报酬事项；

（3）选举和更换由股东代表出任的监事，决定有关监事的报酬事项；

（4）审议批准执行董事工作的报告；

（5）审议批准监事工作的报告；

（6）审议批准公司的年度财务预算方案、决算方案；

（7）审议批准公司的利润分配方案和弥补亏损方案；

（8）对公司增加或减少注册资本作出决议；

（9）对发行公司债券作出决议；

（10）对股东向股东以外的人转让出资作出决议；

（11）对公司合并、分立、变更公司形式、解散和清算等事项作出决议；

（12）修改公司章程。

前款规定的各项职权中，除第（10）项外，均需全体股东一致通过。

第二十九条　股东会由执行董事召集并主持。执行董事因特殊原因不能主持股东会时，可以由执行董事指定的股东主持，指定的主持股东人选，应经全体股东同意。

第三十条　股东会做会议记录，出席会议的股东必须在会议记录上签名。会议记录由执行董事或其指定的人员妥善保管，留档备查。

第三十一条　公司不设董事会，设一名执行董事，执行董事为××。

第三十二条　公司不设监事会，设监事一名，任××为监事。监事行使下列职权：

（1）检查公司的财务；

（2）对执行董事、经理执行公司职务时违反法律、法规或者公司章程的行为进行监督；

（3）当执行董事和经理的行为损害公司的利益时，要求执行董事和经理予以纠正；

（4）提议召开临时股东会；

（5）公司章程规定的其他职权；

（6）监事列席股东会议。

第三十三条 公司设经理一名，聘用××为经理，并行使下列职权：

（1）主持公司的生产经营管理工作，组织实施股东会决议；

（2）组织实施公司年度经营计划和投资方案；

（3）拟订公司内部管理机构设置方案；

（4）拟定公司的基本管理制度；

（5）制定公司的具体规章；

（6）提请聘任或解聘公司副经理、财务负责人；

（7）聘任或者解聘除应由股东会聘任或者解聘以外的负责管理人员；

（8）公司章程规定的其他职权；

（9）经理列席股东会议。

以上（1）—（5）条应经全体股东批准。

第三十四条 经理在行使职权时，不得变更股东大会的决议和超越授权范围（经理超出权限的行为，给公司造成损害的，股东可以向经理追偿）。

副经理协助经理工作。经理不在时，由经理指定的副经理代其行使职权。

第三十五条 公司经理可以由股东会聘任，也可以由执行董事兼任，由股东会决定。

第九章　公司的法定代表人

第三十六条　执行董事为公司的法定代表人。执行董事由股东会选举、罢免。

第三十七条　执行董事行使下列职权：

（1）负责召集和主持股东会议；

（2）检查股东会决议的实施情况并向股东会报告；

（3）审查经理指出的公司发展计划及执行结果并向股东会报告；

（4）签署公司向其他企业投资参股等重要文件；

（5）法律、法规和本章程规定的其他职权。

第十章　公司财务会计和利润分配

第三十八条　公司依照法律、行政法规和国务院财政主管部门的规定建立公司财务会计制度。

除法定的会计账册外，不得另立会计账册。对公司资产及应收款项，不以任何个人名义开立账户存款。

第三十九条　公司在每一会计年度终了时，应当由财务主管制作财务会计报告。

财务会计报告包括下列财务会计报表及附属明细表：

（1）资产负债表；

（2）损益表；

（3）现金流量表；

（4）有关附注。

第四十条　财务会计报告在股东年会二十五日以前置备于公

司并复制清晰交送各股东，以便查阅。

第四十一条　公司分配当年税后利润时，提取利润的 10% 作为法定公积金，直至法定可不提取数额。

第四十二条　公司的法定公积金不足弥补上一年度公司亏损的，用当年利润弥补亏损。

公司在提取了法定公积金后，经股东会决议可在税后利润中提取任意公积金。

公司在弥补亏损和提取公积金后，所余利润按照股东的出资比例分配。

第四十三条　公司的法定公积金仅可用于弥补公司的亏损，扩大公司生产经营或者转为增加公司注册资本。

第十一章　公司的解散事由与清算办法

第四十四条　公司有下列情形之一的，予以解散和清算：

（1）因不可抗力迫使公司无法继续经营；

（2）股东会决定解散；

（3）公司因违反法律、行政法规被依法责令关闭；

（4）公司章程规定的营业期限届满或者公司章程规定的其他解散事由出现时；

（5）法律规定的其他需解散事由。

第四十五条　公司依照前条规定解散的，在十五日内成立清算组织，进行清算。清算组织由股东代表组成。

被依法责令关闭的，由有关机关组织成立清算组织，进行清算。

第四十六条　清算组织自成立之日起十日内通知债权人，并于四十五日内在报纸上公告。债权人应当自接到通知书之日起三十日内，未接到通知书的自公告之日起四十五日内，向清算组织申报其债权。

债权人申报其债权时，要说明债权的有关事项，并提供证明材料，清算组织对债权进行登记。

第四十七条　清算组织在清算期间行使下列职权：

（1）清理公司财产，分别编制资产负债表和财产清单；

（2）通知或者公告债权人；

（3）处理与清算有关的公司未了结的业务；

（4）清缴所欠税款；

（5）清理债权、债务；

（6）处理公司清偿后的剩余财产；

（7）代表公司参与民事诉讼活动。

第四十八条　清算组织在清理公司财产、编制资产负债表和财产清单后，制订清算方案，并告知股东。

公司财产能够清偿债务的，按照以下顺序分别支付清算费用、职工工资和劳动保险费用、缴纳所欠税款、清偿公司债务。

公司财产按前款规定清偿后的剩余财产，按照股东的出资比例分配。清算期间，公司不开展新的经营活动。公司财产未按规定清偿前，不分配给股东。

第四十九条　清算组织在发现公司财产不足清偿公司债务时，立即停止清算，并向人民法院申请破产。

公司经人民法院裁定宣告破产的，清算组织将清算事务移交给人民法院。

第五十条　公司清算结束后，清算组织应制作清算报告，并报送公司登记机关办理公司注销登记，清算组织负责公告公司终止。

第五十一条　清算组织成员应尽职尽责，依法履行清算义务。清算组织成员不得利用职权为自己或他人谋取私利。清算组织成员因故意或者重大过失，给公司或者其他债权人造成损失的，根据损失数额及过错程度承担赔偿责任。

第十二章　股东认为需要规定的其他事项

第五十二条　执行董事、监事、经理或其他高级职员必须按公司章程及法律赋予的权力行使权力，不得利用在公司的特殊地位和职权便利为自己谋取不正当利益，不得侵占公司的财产。

董事、经理不得挪用公司资金或将公司资金借贷给他人，不得将公司资产以其个人名义或以其他个人名义开立账户存储，不得在未取得股东会同意的情况下，擅自以公司资产为公司的股东或他人债务提供担保。

第五十三条　公司研究决定福利、职工工资、安全生产教育以及劳动保护、劳动保险等涉及职工切身利益的问题之前，应当事先听取公司工会（如有）和职工的意见，并邀请工会或职工代表列席有关会议。

公司研究决定生产经营的重大问题，制定重要的规章制度，应当听取公司工会（如有）和职工的意见或建议。

第五十四条　公司职工依据《公司法》，在符合工会设立条件后，建立工会组织。工会依法开展活动。

第五十五条　依法需要建立的其他组织或机构，由公司根据实际情况按法律、法规规定执行。

第十三章　附　则

第五十六条　本章程经公司登记机关核准后生效。

第五十七条　本章程未规定到的法律责任和其他事项，按法律、法规执行。

第五十八条　本章程未尽事宜，由股东会决议加以补充。股东会通过的有关本章程的修改、补充条款，均为本章程的组成部分，经公司登记机关登记备案后生效。

全体股东签名：

　　　　　　　　　　　　　年　　　月　　　日

五、股东会召开通知（此文为模板，使用前请根据实际情况修改）

股东会召开通知

_____股东：

根据《××有限公司章程》及法律规定，现就召开股东会具体内容通知如下：

召开时间：　　年　　月　　日

召开地点：

出席人员：全体股东、监事。

列席人员：财务主管人员。

会议内容：讨论并决定××有限公司××相关事宜。

股东如无法按时出席时可书面委托他人（仅限自然人），委托人应提供本人身份证及经公证的委托书原件。

特此通知

××有限公司

执行董事：×××

年　　月　　日

六、章程修正案（**此文为模板，使用前请根据实际情况修改**）

章程修正案

根据业务发展需要，并经××有限公司（以下简称"公司"）股东会同意，对《××有限公司章程》作出如下修改：

1. 原公司章程第　　条规定，公司注册资本为人民币×××万元；现修改为：公司注册资本为人民币×××万元。

2. 原公司章程第　　条规定，公司股东为×××，持股比例为×××；现修改为：公司股东为×××，持股比例为×××。

签署时间：　　　年　　月　　日

股东（签字）：　　　　　　股东（盖章）：

七、临时股东会召开通知（此文为模板，使用前请根据实际情况修改）

召开临时股东会议通知书

_____股东：

鉴于××有限公司现无资金继续建设厂房及支付原厂房建设的农民工工资，且各股东之间矛盾较大，公司管理发生严重困难。根据《××有限公司章程》规定及法律规定，现就召开临时股东会具体内容通知如下：

召开时间：　　　年　　月　　日

召开地点：

出席人员：全体股东、监事。

列席人员：财务主管人员。

会议内容：讨论并决定××有限公司是否解散及解散后相关事宜。

股东如无法按时出席时可书面委托他人（仅限自然人），委托人应提供本人身份证及经公证的委托书原件。

特此通知

××有限公司

执行董事：×××

年　　月　　日

八、股东会决议（此文为模板，使用前请根据实际情况修改）

××有限责任公股东会议决议

　　　　年　　月　　日，就××有限责任公司××事宜，全体股东三人召开股东会议。三名股东：××、××、××全部出席会议。

　　会议经过公开、公正表决，以全部赞成的票数通过以下决议如下：

　　1. 一致同意股东××将全部股权转让于股东××。

　　2. 其他股东放弃对上述股权的优先购买权。

　　3. 因股东实缴出资时，股东之间出资垫付问题涉及实际股权比例，股东之间另行协商确认。

　　全体股东签字：

　　　　年　　月　　日

九、劳动合同（此文为模板，使用前请根据实际情况修改）

劳动合同

甲方：

乙方：

身份证号码：

联系电话：

住址：

根据《中华人民共和国劳动法》《劳动合同法》，甲乙双方经平等协商同意，自愿签订本合同，共同遵守本合同所列各项条款。

一、劳动合同期限

第一条　本合同期限类型为固定期限合同，合同期为___年。

本合同生效日期_____年____月____日，终止日期_____年____月____日。其中试用期____月。

二、工作内容

第二条　乙方同意根据甲方工作需要，担任_____岗位（工种）工作。

第三条　乙方应按照甲方的要求，按时并保质、保量地完成甲方交给的工作任务。具体工作任务甲方根据乙方岗位另行制定，乙方对甲方安排表示无条件接受。

第四条　甲方可以根据实际工作需要及乙方的工作表现，对乙方的工作岗位予以调换、提升或降低。

三、劳动保护和劳动条件

第五条　按照劳动法规定白天实施＿＿＿（定时/不定时）工作制。

第六条　甲方可以为乙方提供必要的工作条件，建立系统、科学的工作流程和规范。

第七条　甲方在条件允许范围内，根据乙方职务情况，负责对乙方进行政治思想、职业道德、业务技术、劳动安全卫生及有关规章制度的教育和培训，对于甲方的培训，乙方应积极参加。

四、劳动报酬

第八条　甲方按月向乙方支付工资，工资支付形式为货币（人民币）。

试用期工资为每月　　　元；

试用期满后按甲方现行工资制度确定乙方月基本工资为　　　元。除工资之外的各类津贴、奖金、岗位工资、绩效工资等发放按甲方具体规定、经营状况以及乙方的工作表现确定。

甲方发薪日期为每月　　　日，实行先工作后付薪，如甲方安排银行代发工资时，以银行发放时间为准，银行过错造成公司发放延误时，乙方不得追究甲方违约责任。

五、保险福利待遇

第九条　依照法律规定执行。

六、劳动纪律

第十条　乙方必须严格遵守甲方制定岗位职责及有关规章制度：

严格遵守工作流程和工作规范；

爱护甲方及甲方负有保管义务的财产，遵守职业道德；

遵循甲方的企业文化，维护甲方的企业形象；

按时参加甲方组织的各种会议及培训。

第十一条　乙方违反劳动纪律，甲方可依据本单位规章制度，给予处理，直至解除本合同。

七、劳动合同的变更、解除、终止、续订

第十二条　订立本合同所依据的法律、行政法规、规章发生变化，本合同应变更相关内容。

第十三条　订立本合同所依据的客观情况发生重大变化，致使本合同无法履行的，经甲乙双方协商同意，可以变更本合同相关内容，任一一方不同意变更时，对方可以要求解除该协议。

第十四条　经甲乙双方协商一致，本合同可以解除。

第十五条　乙方有下列情形之一，甲方可以解除本合同：

1. 不服从甲方的统一管理；

2. 严重违反甲方劳动纪律或甲方规章制度的；

3. 严重失职、营私舞弊，或存在其他对甲方利益造成重大损害行为的；

4. 被依法追究刑事责任的。

第十六条　下列情形之一，甲方可以解除本合同，但应提前三十日以书面形式（包括邮件、微信、短信等方式）通知乙方：

1. 乙方患病或非因工负伤，医疗期满后，不能从事原工作也不能从事甲方另行安排的工作的；

2. 乙方不能胜任工作，经过培训或者调整工作岗位，仍不能胜任工作的；

3. 其他法律规定的用人单位可以提出解除劳动合同的情形。

第十七条　甲方濒临破产进行法定整顿期间或者生产经营发生严重困难，通过召开全体员工大会说明情况，听取员工或员工代表的意见，并向劳动行政部门报告后，可以解除本合同。

第十八条　乙方患职业病或因工负伤，医疗终结，经市、区、县劳动鉴定委员会确认完全或部分丧失劳动能力的，应依照合同规定给予一次性补偿后，方可解除劳动合同。

第十九条　乙方解除劳动合同，应当提前三十日以书面形式（包括邮件、微信、短信等方式）通知甲方。

第二十条　根据法律规定，有下列情形之一，乙方可以随时通知甲方解除本合同：

1. 甲方以暴力、威胁、监禁或者非法限制人身自由的手段强迫劳动的；

2. 甲方不能按照本合同规定支付劳动报酬或者提供劳动条件的，本合同另有约定时除外。

第二十一条　本合同期限届满，劳动合同即终止。

双方当事人在本合同期满前_____天向对方表示续订意向。甲乙双方经协商同意，可以续订劳动合同。

八、赔偿

第二十二条　甲方违反本合同约定的条件解除劳动合同或由于甲方原因订立的无效劳动合同，给乙方造成损害的，应按损失程度承担赔偿责任。

第二十三条　乙方违反本合同约定的条件擅自解除劳动合同或违反本合同约定的保守商业秘密事项，对甲方造成经济损失的，应按损失的程度依法承担赔偿责任。

第二十四条　乙方在本合同期内由甲方出资的培训等，乙方因个人情况辞职或离职，在合同期内的按培训费的 100% 逐年扣除比例赔偿（以半年为单位计，不足半年按半年计算），并退还任职最后三个月薪金。自培训之日起工作满五年以后不再偿付。

九、违反商业秘密和竞业禁止的规定

第二十五条　双方另行确定协议。

十、其他

第二十六条　本合同未尽事宜，或与今后国家、地方有关规定相悖的，按有关规定执行。

第二十七条　本合同一式两份，甲乙双方各执一份。本合同部分无效的不影响其他部分的效力。

甲方（盖章）：　　　　　　　乙方（签字）：

法定代表人：

　　　　　　　　　　　　　　年　　　月　　　日

十、劳务合同（**此文为模板，使用前请根据实际情况修改**）

劳务合同

甲方：_____

住址：_____

乙方：_____性别：_____

居民身份证号码：_____

家庭住址：_____

联系电话：_____

鉴于甲方_____的需要，自愿雇佣乙方为甲方提供劳务服务，双方构成劳务关系，经双方协商订立正式《劳务合同书》，内容如下：

一、合同期限

1. 本合同于_____年___月___日生效，期限_____年，其中试用期至_____年___月___日止（如有）。

2. 根据实际情况，双方可在合同期限届满前一个月协商续签劳务合同。如合同期已满，双方不再续签合同，但受雇方从事的有关工作和业务尚未结束，则合同应顺延至有关工作业务结束。

二、甲、乙双方的义务和责任

1. 乙方提供劳务为：＿＿＿＿＿＿＿＿＿。

2. 乙方劳务应达到甲方规定该劳务内容及质量的要求，具体标准，由甲方根据实际情况确定，标准为＿＿＿＿＿＿＿＿＿。

3. 乙方应按照甲方任务要求时间完成甲方规定的任务。

4. 乙方接受甲方对乙方提供劳务质量的监督。

5. 未经甲方许可，乙方不得承接与乙方职责相关的个人业务，乙方应保证优先完成甲方的任务。

6. 甲方可为乙方提供乙方所承担工作中必需的工作条件。

7. 因甲乙双方之间非劳动关系，故乙方相关社会福利，甲方不予承担，由乙方自行负责，如有需要，甲方可以予以协助。

三、劳务报酬

1. 甲方根据乙方提供的劳务质量以货币形式支付乙方劳务报酬，具体标准由双方另行协商。

甲乙双方对劳务报酬的其他约定＿＿＿＿＿＿＿＿＿＿＿。

2. 甲方在以下情况有权扣除乙方相应额度的劳务报酬：

①因乙方的过失给甲方造成经济损失的；

②乙方未完成甲方交代的任务的；

③其他因乙方行为造成甲方损失的情况。

四、合同的终止与解除

1.《劳务合同》终止后，双方应及时办理相关手续。就合同存续期间的债权债务进行结算。

2. 经甲乙双方协商一致，本合同可以解除。

3. 乙方有下列情形之一，甲方可以解除本合同：

（1）在试用期间被证明不符合录用条件的；

（2）严重违反甲方有关规定及按照本合同约定可以解除劳务合同的；

（3）对甲方利益造成重大损害的；

（4）被依法追究刑事责任的。

五、双方约定的其他内容

1. 甲乙双方约定本合同增加以下内容：

乙方有义务向甲方提供真实的个人信息与相关证明，并如实填写《劳务人员登记表》，否则甲方有权随时解除本合同，并且不给予经济补偿。

2. 甲方有权对公司的有关规定进行修改、完善。修改后的内容对本合同具有同等效力。

3. 甲方可以在合同有效期内，根据需要调整乙方劳务内容，劳务报酬等事项也将做出相应调整。乙方愿意服从甲方的安排。

4. 甲方将定期或不定期对乙方进行劳务质量工作抽查，抽查不合格者，甲方有权解除或终止本合同。

六、其他

1. 本合同一式两份，甲乙双方各执一份，具有同等效力。

2. 本协议未约定事项，可以签订补充协议，补充协议为本协议的一部分，补充协议未约定事项参照相关法律规定执行。

3. 本协议履行过程中如发生争议需诉讼解决时，由甲方所在地法院管辖。

4. 本协议自双方签订之日起生效。

（本页无正文）

甲方：　　　　　　　　　乙方：

　　　　　　　　　　　　　　年　　　月　　　日